JN069617

迷走する英語教育をただす

——中村敬の理論・思想・実践をもとに

中村 敬・峯村 勝　共著

目　次

まえがき

　いま日本の学校の英語教育は迷走している。小学校の英語教育の迷走だけではない。中学校、高校の英語教育も同じような状況である。外国語教育といいながら英語一辺倒の英語主義英語教育が暴走している。

　20年くらい前の1997年に加藤周一は「朝日新聞」（夕刊）（4月21日付）の文化欄のコラム「夕陽妄語」で「多言語主義のために」というタイトルで日本の学校の英語一辺倒・英語主義の英語教育を批判した。そこで次のように書いている。

　「それには（英語一辺倒・英語主義の英語教育のこと―筆者注）功罪あり。功は国際的な情報交換のための便利さであり、罪はみずから進んで受け入れた文化的被植民地化であろう。小学校から英語教育を始めればもっと能率がよかろう、などと言うのは、事の一面を見て、他面を見ない軽挙妄動にすぎない。」

　加藤周一は、このように英語主義英語教育を批判して、「多言語主義を発展させることが、この国の課題だろう。英語だけが外国語ではありません。」と主張した。

　中村敬はこの加藤周一のエッセーのほぼ10年前の1978年に著作者代表の一人として作成した初版『ニュークラウン』（三省堂）で「多言語主義」「多文化主義」を基調とする英語教育・教科書を主張していた。

　英語教育の改善・改革を考える時には理論と思想、実践を全面的に考えなければならないが、中村敬の英語教育の理論・思想・実践は継承すべき歴史的価値として検証されなければならない。

中村敬は英語教育史に記録されるべき異才である。本書で中村敬の理論・思想・実践を集中的に検証したのは、それなしには英語教育の改善・改革の展望をみいだせなかったからである。

本書の冒頭の「第1部　インタビュー」では中村敬の人間としての生き方と重ね合わせながら人間と教育、言語、英語教育の本質がリアルに語られている。

「第2部　評論　中村敬の仕事」では中村敬の理論・思想の骨格と実践活動について書いておいた。中村敬の理論と思想の総体をぼく自身がどのくらい理解しているかという問題はあるが、それはぼくの中村敬解釈であってよいではないか、と考えることにした。

資料1として「学習指導ガイドライン私案」を付した。この「学習指導ガイドライン」は「学習指導要領」と同義である。「要領」という用語は「要点」「コツ」「手順」といった意味であり、「ガイドライン」は「目標」「方針」「指針」といった意味であるから「ガイドライン」のほうがわかりやすいのではないか。

この「学習指導ガイドライン私案」は中村敬の理論と思想にもとづいて作成されたものであるが、その内容は英語教育の基礎基本である。

なにはともあれ、日本の英語教育はそろそろ国策の「たてまえ」の英語教育から自主編成の「ほんね」の英語教育に転換しなければならない時代状況になってきた。英語一辺倒の英語主義英語教育の矛盾は臨界点に達している。本書が英語教育の改善・改革を考えるときに少しでも役に立つならば望外のよろこびである。

2020年10月

峯村　勝

英語教育の本質を探し求める旅
—半世紀の記憶をたどって

中村 敬 (英語教師・英語社会学者・英語教育学者) に聞く

聞き手＝峯村 勝 （元英語教科書編集者）

　英語・英語教育に関する中村敬の理論・思想・実践に触発・啓発された研究者や教師、教え子は少なくない。中村敬の理論・思想の形成過程や実践活動は中村敬自身の教師・学者としての人生そのものであるが、それは英語・英語教育の本質を探究する活動であり、それはまたとりもなおさず言語と教育の普遍性、人間の本質の探求にほかならない。

大学入試と民間試験の導入

——まず最初にホットな話題ですが、大学入学共通テストに民間試験を導入する問題が社会問題になりました。その問題との関連で雑誌に英語教育に関する記事が掲載されました。たとえば『文藝春秋　新年特集号』には数学者で元お茶の水女子大名誉教授の藤原正彦（ふじわらまさひこ〔1943 ～〕）さんの「『英語教育』が国を滅ぼす」という文章があり、『文藝春秋オピニオン　2020 年の論点 100』には東大教授の阿部公彦（あべまさひこ〔1966 ～〕）さんの「『ぺらぺら礼賛』で迷走する英語 4 技能看板」という文章があります。阿部さんはまた、『週刊新潮』(2019年 11 月 14 日号）に「『民間試験導入』は日本の若者を『英語帝国主義』の底辺に位置付ける」を書いています。その問題について最初に話していただけますか。

中村　敬

中村　二人の論文は、他の人たちの多くの論文と比べれば、後に述べるように問題はありますが、それでも問題の核心に迫っていると考えます。阿部さんには、民間試験の導入にかかわって、それが英語帝国主義とどうつながるかという明確な問題意識がある。このような問題意識をほとんどの人が

もっていない。多くの人たちが今回の問題について話題にしているのは、4技能のテストを前提にし、どうしたら公平な試験が可能かという技術的な問題であって、その背後にある本質的な問題をまったく問題にしていない。しかし、問題は技術的なものではなく、全受験生に話す力をテストすることの意味があるかどうかという点です。その意味で、阿部さんの議論は評価できると思います。

　藤原さんは、端的にいいますと、英語教育をやめろと、今のままの英語教育なら止めろということになるのですが、これも技術的な問題を超えて、本質的に日本の英語教育の姿に異を唱えているのです。それは、一部の識者（たとえば、後で取り上げる津田幸男、大石俊一のご両所、それに筆者を加えた反英語帝国主義論者、『日本語が滅ぶとき』の著者の水村美苗さんなど）によっても論じられてきたことですけれども、あらためて今回それを提起したという点で意味があると思います。

　ただし問題がいろいろありますのは、お二人の論が現在の英語教育はこういう状況だという認識に立って、阿部さんの論は英語帝国主義を克服できないという批判で終わっているし、藤原さんは「止めろ」で終わっている。問題はそんなに単純な問題ではないと思います。しかし、お二人の論が大方の日本人が気付いていない問題を

聞き手＝峯村　勝

提起している点は、現在の日本の英語教育の問題点がなんであるかということをもう一回考えてみるきっかけになると思います。

　お二人は大きく取り上げていないのですが、デジタル化社会の出現です。これは社会革命で、それが進みはじめたのは戦後史の分水嶺といわれる1970年代以降です。安倍首相は学習者一人に1台の情報端末をといっています（2019年11月30日の経済財政諮問会議）。これは産業界向けの提案で、教育とは無関係です。安倍流にいえば、成長戦略の一環ですが、背後に存在する利権を考えると、にわかに賛成しかねます。教育が政治家と経済界の人間に牛耳られていると藤原さんは批判していますが、核心をついています。〔追記（3）参照〕

初版『ニュークラウン』の著作

——大学入試と民間試験の導入をめぐって展開されている議論では英語と英語教育の本質についてほとんど語られていないように感じます。先生は長い間英語や英語教育の本質に関する研究活動や実践活動を旺盛に展開してこられましたが、1978（昭和53）年発行の初版『ニュークラウン』（三省堂）の著作は先生の理論と思想と実践の一つの歴史的な結節点とも思われるのですが、初版『ニュークラウン』のことから話していただきましょうか。

中村　先ほどいい忘れたことを一つ。藤原さんが問題提起をしていますのは、4技能のテストを民間試験で導入するという問

題ですが、そのもとになっているのは、政府の機関の産業競争力会議ですね。つまり完全に政治家と経済人の二つのグループが中心になってやったわけです。今回の４技能テストを全受験生に強いるのは、現代版「富国強兵」政策だといえます。

　この国の英語教育は経済力と政治力を持つ階層によって牛耳られてきたわけです。文部大臣が民間から選ばれたというのは非常にまれなケースですよね。三木武夫（みきたけお）内閣（1974〜1976）の時に当時東京工業大学の教授だった永井道雄（ながいみちお〔1923〜2000〕）さんを文部大臣にし、その前には第３次吉田茂（よしだしげる〔1878〜1967〕）内閣の時に哲学者の天野貞祐（あまのていゆう〔1884〜1980〕）さんが文部大臣になった。そういうまれなケースはありますが、あとは全部党人です。日本の教育は政治家と経済人によって牛耳られてきたといって過言ではありません。そしてますますそういう状況になってきた。教育の独立（自律）性など夢のまた夢です。

　ということは、なぜ英語をやるのかという問題を考える時に、この問題を避けて通れないと思うんです。つまり国家の力（経済力）をつける、富国強兵の明治時代の理念とちっとも変わらない。産業競争力会議というのも経済人による会議であり政治家による（したがって、男性中心の）会議であって、今回の民間試験の導入も結局そういうことで押し切っちゃった。英語をどうして試験に入れるのかといえば、実に単純で、国家の力をつけるための人材養成です。明治時代の富国強兵政策の論理と同じです。つまり今度は経済成長、それを進めていく上では英語が絶対に必要だと。英語は戦前からの地続きで、経済成長は富国強兵政策の姿を変えただけです。水俣病は植民地機関「朝

鮮で利益を得ていた日本チッソ肥料株式会社」によって引き起こされたものです」(「朝日」2020 年 2 月 29 日付〔第 19 面〕)。

　そうするとぼくがずっと悩みつづけたのは、そういう英語教育政策に従って英語をやればいいということならば、もう批判力なんか必要ないということです。ネイティブに近いような英語がしゃべれる人間をつくることが一番大事だということになるわけです。そのことを藤原さんがいっているのは、ぼくは正しいと思います。ちなみに、ぼくは 1979 年に「限りなくネイティヴに近づくことか」を雑誌『英語教育』(大修館)に載せています。「近づくことか」はもちろん反語です。

　足りないのは、そういう状況でも英語をやらないといけないとしたら、どうすれば意味のある英語教育をすることができるかという点です。そこでぼくも葛藤に葛藤を重ねてきたわけですね。その実践的な例、第 1 回の実践例が、代表著作者の一人として作成した 1978 年の『ニュークラウン』という中学校の英語教科書です。もう一人の代表著作者は東京外国語大学名誉教授の若林俊輔(わかばやししゅんすけ〔1931 ～ 2002〕)さんでした。この仕事がひとつの大きなきっかけですね。論文などいくらでも書けるけれども、それを実践して具体化しなければほとんど意味がないと考えていました。

　ぼくはそういう理論と実践、理論化と実際化というものがいつも行ったり来たりして悩みつづけてきたのですが、この『ニュークラウン』はその実践ですね。理論化がまだ十分できていませんでしたが、ぼくの頭の中で英語の教科書は本来こうでなければならないという、そういう意識が形成されつつあった時に、教科書執筆のチャンスが与えられたわけです。ですか

ら意欲満々でした。

　それはどういうことかというと、今までの英語教育を全面的に転換するということでした。従来の教育を否定するのは簡単だけど、否定すればそれですむわけではないと。伝統的な教育の良さを取り、またどうしても修正しなきゃいけないところは修正していく、こういうことをやってのけたわけですよね。修正の第1は、英語単一言語主義（英語優先主義）を抜け出すことでした。少数言語というものも大事にしなければならないと。文化の相対主義を、そこで生かそうと。

　いろいろ批判もされたわけですよ。たとえばマレーシアでは蛇を食べる人もいると書いた。こんなことは別に何もおかしい話でも何でもない。その土地へ行けば人によってはそういうものを食べている。中国人はハクビシンのような野生動物を食べる。実は別の観点から批判されて、ひっこめたケースですけど、文化の相対主義を徹底すべきであると。それを徹底すると、英語を強制することはどういうことですかって、またぶつかるのです。

　行ったり来たりですね。それをはじめて実行したのが『ニュークラウン』。それまでアングロサクソン一辺倒の英語教育だったことを考えれば、歴史的にみて初版『ニュークラウン』は革命的だったと思います。そういう革命的だというふうに認識をしていただいた人がどれくらいいたかはよくわかりません。少なくとも現在の教科書が世界のいろいろな国を取り上げているという現実をみると、かなり大きな影響はあったと考えます。もちろん、形式的にただ取り上げればいいというわけじゃないよというのが、ぼくの心の奥底にあるわけです。ただ南米を扱え

ばいい、ただアフリカがあるから、ただスリランカがあるから、そういう問題じゃない。

　ですから現在の『ニュークラウン』と初版『ニュークラウン』を比較していただければ、その違いは明確です。しかし、作成者の心の葛藤がどこまで伝わったかとなると、ちょっと自信がありませんね。

　『ニュークラウン』の題材の多様性は、イギリス文化のエトスそのものの『アリス』（Alice in Wonderland〔『不思議の国のアリス』〕）を単なる童話としてではなく知的な読み物として取り上げたことです。いかにアピーリングであったか、一つエピソードをあげます。

　ぼくは現在長野県の白馬村に住んでいますが、家から5・6分のところに中年の夫婦が経営する食事処があります。彼らには、かねてからぼくが学校の英語教師だったことを伝えてあったのですが、ある日、「中村さんは何を教えていたのですか」とおかみさんから尋ねられました。「英語です。英語の教科書の『ニュークラウン』を作りました。」と言ったのです。するとおかみさんは一瞬驚いた顔をしました。ややあって、Down! Down! Down! と調子を出して暗唱するではありませんか。こんなところにアリスの課を忘れないでいる人がいるんだ。ぼくは昔の教え子に再会した思いでした。

初版『ニュークラウン』と少数民族の言語

——初版『ニュークラウン』は「多言語主義」「多文化主義」を基調とする「人間教育」「比較文化」「脱英米」の教科書でしたね。

中村　ぼくの『ニュークラウン』での実践は、日本の英語教育史上まったく新しい試みでした。革命といってよいでしょう。ですが、それはまだぼくの頭の中では十分理論化されたものではなかったのです。ただし、頭の中では渦を巻いていた。

　一つは少数民族の言語問題です。少数民族の代表格として取り上げたのは、イギリスの一地方であるウェールズの人たちです。1966（昭和41）年にロンドン大学教育学部（Institute of Education）に留学をした折に、教育実習でウェールズへ行って、そこで実際にウェールズの人たちがウェールズ語で話しているのを知った。ぼくは初めてウェールズ語が話されるのを聞いたのです。また、マルタ共和国でも1か月半実習をしましたが、マルタ人にとってはマルタ語（Maltese）が母語であることを知った。

　ぼくが泊まっていたウェールズのホテルのパブには毎晩土地の人が集まってきた。最後に必ず「ランド・オブ・マイ・ファーザーズ」（Land of My Fathers〔「わが祖国」〕）という彼らの国歌ですね。ナショナルアンセム（national anthem）を皆で合唱して終わる。これはぼくにとってはショックで、ウェールズというのはイギリスの単なる地方ではないと実感しました。その地方にナショナルアンセムがあるとはどういうことかと。ぼくが少数民族に対して関心をもちはじめたのは1966年から始まっているわけです。それを今度は教材化する。そういうチャンスが訪れたわけですね。

　それからおよそ15年後の1980〜81年にぼくはウェールズで言語問題の調査に従事しました。それは大学から派遣された、

いわば海外研修ですね。そのチャンスを生かしてぼくは1966年の時の体験をもっともっと実質的にしたいということで出かけたわけです。その時にぼくがびっくり仰天したのは、いろんな文献を手に入れようとして関係の図書を捜し歩いたのですけど、その中にブルーブックス（Blue Books）という言語調査の基礎的資料といってよい文献が見つかったのです。

　これは議会報告書です。ウェールズの言語問題調査というのを1冊にまとめて、議会に提出したものです。ぼくはウェールズの情報誌に投書して、1冊手に入れたいと書きました。そうしたら古本屋さんから手紙がきて、俺のところにあるよと。飛んでいきました。当時の価格で20ポンドでした。なお、この「報告書」（正式名：Reports of the Commissioners of Inquiry into the State of Education in Wales〔1847〕）は成城大学を退職する時に大学に寄贈しました。貴重な文献として大学が保管してくれています。

　そのような調査の結果が、先ほど話題になった1982（昭和57）年の『成城文藝』に載せた「ウェールズにおける言語侵略」という論文です。その時にぼくは言語侵略という言葉を使っていますけど、言語帝国主義（英語帝国主義）という意識が非常に明確になったのはその頃でした。

　ウェールズの課で忘れずに加筆しておきたいことがあります。ウェールズの学校では母語であるウェールズ語に代えてイングランドの言語である英語（正確にはイングランド語）を生徒に教え込もうとして、Welsh Not（ウェールズ語を使うべからず）と書かれた札をウェールズ語を使った生徒の首にぶら下げました。この札を方言札と呼びますが、沖縄でも同じことが行

われました。

　これはイングランド政府の強制によってというよりウェールズ人の自発的な選択だったといわれています。自発的植民地主義です。しかし、そのような対応をウェールズ人に強いたのは英語による侵略の結果です。方言札の問題を中学校の検定教科書で扱ったのは、後にも先にも『ニュークラウン』だけでしょう。そのくらい日本の英語教科書は非政治的なのです。

（方言札（ほうげんふだ）。　W. N. は Welsh Not の略。）

『私説英語教育論』と初版『ニュークラウン』

——初版『ニュークラウン』が出たのは 1978 年、昭和 53 年ですが、その 2 年後の 1980 年に『私説英語教育論』が出ました。初版『ニュークラウン』と『私説英語教育論』は不可分の関係にありますが、『私説英語教育論』について話していただけますか。

中村　『私説英語教育論』（研究社選書の一部）はぼく自身が日本の英語教育はこうあるべきだとその時点で真剣に考えたこと

を文章化したものです。初版『ニュークラウン』の作成が土台になっていることは間違いないです。そこで経験した実に苦々しい思いも包み隠さず書いた。選書の担当者は「ナンセンス」について書いて欲しいといっていましたが、当時のぼくには英語教育問題がより切実でしたのでそれを書くことにしたのです。

　実際に『ニュークラウン』という教科書を PR するためにどういう苦労をしたか。行きたくもない営業活動をやらされたというところがあるわけで、それも包み隠さず書いた。三省堂としては苦々しい思いでいたのではないでしょうか。でも、このことを皆に知ってもらわないと、教科書問題の大事な部分が抜けちゃうんですよね。しかし、それがもとで教科書宣伝の改革が起こったかというと、それは起こらなかった。一つには、ぼくの書き方が十分じゃなかった。甘かった。それに教科書会社の世界はそんなことで変わるほどやわではなかったということです。それに著作は教科書の中身はこうあるべきだということが主体でしたから。ぼくがずいぶんお世話になった、『教壇の英文法』（大修館）で著名な鶴見大学名誉教授の宮田幸一（みやたこういち〔1904 ～ 1989〕）先生や大学生時代に厳しく鍛えられた野崎勝太郎（のざきかつたろう〔1894 ～ 1980〕）先生まで取り上げて敬意を払いつつ、大先輩を乗り越えるため一方で批判もしたのです。

　『教壇の英文法』の特徴は英語の用法の微に入り細をうがった説明でした。しかし、全体像をみるという、そういう面に欠けていた。その点を批判の対象にしました。野崎先生もそうだったですね。非常に細かいことについて手厳しく鍛えられた。その恩師を乗り越えるためにはいったいどうしたらいいか。トー

タルで大きく見ることが必要だということを、その当時本気で
考えていたのです。

　ぼくが2014年に作った『「英語教育神話」の解体（以下『解体』）』
で書いた教科書は、そういうことが全部背後にあって、細かい
ことも大事だけどまずは大きく捉えるということができなけれ
ば、文章を読んだことにならないと。そういうことを、『解体』
が出版される30年以上も前に『私説英語教育論』で訴えたわけ
です。早すぎたのですね。分かった人がどのぐらいいたでしょ
うか。

　もうひとつの問題は比較文化の問題で、おそらく皆さんが一
番分かりにくいながら、面白いと思ったのはアリスの問題です
よね。アリス（Alice）とビートルズ（Beatles）は、ナンセンス
文化という点でつながるのですけれども、ナンセンスの文化と
いうのは、日本にもナンセンス文化はあるけど、どうして英語
のナンセンスが分かりにくいのかという、ここがぼくにとって
の難題なのです。日本の笑い（風刺・ナンセンス）は、仲良く
するための道具として使われて、相手を叩く（批判する）とい
うことはやらない。だから政治の世界などで活かされなかった。
日本文化に欠けているから、イギリスのナンセンス文化を学ぶ
ことが大事だと、いいたかったわけですよね。こうした問題を
考えるきっかけを与えてくれたのは東大名誉教授の平野敬一（ひ
らのけいいち〔1924～2007〕）『マザーグースの唄　イギリスの
伝承童謡』（中公新書、1972年）でした。

　それがなかなか通じなかったけれども、面白いということだ
けは伝わったんですよ。なんでナンセンスをそんなに理解する
必要があるのかという、ここから先は文化論になるから、そこ

をお分かりいただいた人は少なかったと思いますよね。そうい
うことで革命的だった点はいくつかあります。結局、文化の本
質（エトス）を理解することが必要なのです。しかし、理解は
必要ですが、その理解は二律背反という厄介な問題を背負いこ
んでいます。

　文化のエトスを言葉で理解するというのは、この場合英語で
すから、どうしたって英語文化にいくわけですよね。英語文化
はこの場合イギリス文化ですよね。ないしはアメリカ文化にい
くわけですよ。それ以外は考えられないです。まずイギリスを
徹底的に研究する。多文化主義を英語で実践するとなるとすぐ
矛盾にぶつかるじゃありませんか。どうするんですかこれ。一
緒に教科書を作った慶応大学の松居司（まついつかさ）さんが、
「さあともすればイギリス文化というのはどうかね」と、ぼく
に突っかかったことがあるんです。ほかにも同じように考えて
いた人がいたと思います。松居さんには文化のエトス問題は通
じなかったけど、文化のエトスというものを学ぶのに、アジア
の人が使っている（第2言語としての）英語でアジアの文化の
エトスを語るわけにはいかないのです。これは無関係です。や
はり、英語のエトスはイギリス人やアメリカ人が母語として使っ
ている英語の問題です。しかし、そのことと"共通語としての
英語"を学ぶことは矛盾することです。それを克服するのが現
代の課題です。なお、イギリス文化のエトスに本格的に触れた
のは、越智武臣（おちたけおみ〔1923 〜 2006〕）『近代英国の起源』
（ミネルヴァ書房、1966）。それは、イギリス理解の基本的文献
の一つと考えます。

　文化的エトスの一側面は言葉遊びです。それが生活のなかに

如実に出てくるのですよ。実際現地で生活していると分かるのです。たとえば、故人のサッチャー（Margaret Hilda Thatcher〔1925〜2013〕）元首相がもっとも元気のよかった頃、ぼくはイギリスにいました。ある日テレビの報道で、彼女は　A crime is a crime is a crime. といった。「何といおうと、犯罪は犯罪です」という意味です。これは、北アイルランドにおける IRA（Irish Republican Army〔アイルランド共和国軍〕）の暴虐を擁護するかのような議員の発言に対しての反論でした。こういうことばのレトリックを教材化するよう編集会議で提案したら、みごとにけられました。たしかに、文部省の指導要領に従うなら、文法項目を逸脱しています。しかし、その時に分からなくても、それが 10 年後 20 年後に生きてくる。こうした長いスパンで教育を考えるのでなければ、人間は育たない。

　そこまでいかないと、本当の英語のエトスにぶつからないですね。それを既に中学生相手にやった。で、思うのは、現代の英語教育に戻りますと、今文科省が進めようとしている英語教育は、ぼくの理想とする英語教育や実践した英語教育と似て非なるものです。昭和 30 年以降 10 年間、ぼくは名古屋市の南山中学・高校の女子部と男子部で教鞭をとりました。女子部の高校 2 年生の希望者に特別授業で Romeo and Juliet のバルコニーシーンの一節を読んだ。次のような英語です。訳は河合祥一郎『新訳ロミオとジュリエット』角川書店。

Tis but thy name that is my enemy;

Thou art thyself , though not a Montague,

What's Montague? It is nor hand, nor foot,

Nor arm, nor face, nor any other part

Belonging to a man. O, be some other name!

What's in a name? That which we call a rose;

By any other name would smell as sweet;

（私の敵は、あなたの名前。

モンタギューでなくても、あなたはあなた。

モンタギューって何？　手でもない、足でもない。

腕でも顔でも、人のどんな部分でもない。

ああ、何か別の名前にして！

名前がなんだというの？　バラと呼ばれるあの花は、

ほかの名前で呼ぼうとも、甘い香りは変わらない。）

　彼女たちは十分に楽しんだ。楽しめたということは一定程度理解できたということです。チーチーパッパのレベルをなかなか超えられない現在の中・高のレベルの英語教育をどう考えたらよいでしょうか。ついでながら、河合祥一郎さんの新訳は、それまでに複数の翻訳が出ているのに、なぜ新訳が必要なのかを考えさせてくれます。

——学習指導要領による国策英語教育とは全然違いますね。

中村　全然違います。ぼくは英語教育をやるなら、そこまでやらなきゃいけない。一方で英語帝国主義という、そういう大言語を使う人たちがもっている負の側面というのは何なのかと、そこまでやって初めて分かると。

　そこまですべての人に分かってちょうだいというのは無理だとしても、それを実践したのは『「英語教育神話」の解体』の中で作った教科書ですね。これはぼくの思想を実践したものです。

英語帝国主義と英語教科書

――『私説英語教育論』が出たのは 1980 年なんですが、先生は 1980 年のその年に再びウェールズにいらっしゃって言語問題の調査活動をおやりになった。81 年に研究を終えて日本に帰ってきて、翌年 82 年に「ウェールズにおける言語侵略」という論文が『成城文芸』に掲載された。そしてその論文の最後のところで、ウェールズにおける言語侵略というのは言語帝国主義なんだとはっきりと書かれているんですよね。

　この言語帝国主義という考え方がいつ芽生えたかという経過をたどりますと、1978 年の『ニュークラウン』の著作ころから芽生えており、1980 年ごろにはもう既に言語帝国主義的な問題が重大で深刻な問題としてあって、いずれ避けては通れないという問題意識があったことはほぼ間違いない。だからウェールズにも行ったし、そういう意味ではぼくは中村先生がこの英語帝国主義の問題をはっきりと打ち出した日本における草分け的存在というか、最初じゃないかということをずっと思っていたんですが、この言語帝国主義、英語帝国主義という問題がどういうふうにして鮮明な問題意識となってきたか、という点についてちょっと話してください。

中村　峯村さんが今指摘してくれたとおり、1982 年の「ウェー

ルズにおける言語侵略」の中で明確に用語としてそれを使った。もうぼくの頭の中で、英語帝国主義という言葉が煮詰まったということです。1978年の初版『ニュークラウン』の時にはまだ煮詰まっていなかったと思います。

　英語を共通語として使う場合、英語の母語者が有利であるというバカな話はないじゃないかというのは非常に早い段階で思っていたんですよ。その結果、ああいう"とんでもない"教科書をつくっちゃった。英語帝国主義を明確に意識していたらもっと"過激な"教科書になったと思う。それでは発行できなかったかもしれない。

　ところが実際作り始めて編集部からああだとかこうだとかいわれて、今様にいうと忖度ですよね。このぼくでさえ忖度したわけです。マレーシア人の中には蛇を食べる人がいるというのは、編集部（その背後には営業部）からクレームがついた。よくよく聞いてみればそれも無理もないと。だけどそれを切ったからといって教科書の中身が薄まるわけではない。それならそれで譲りましょうと。

　英語帝国主義という用語だけど、ぼくの記憶ではホンカツこと本多勝一（ほんだかついち〔1932〜〕）さんが言語帝国主義ということばを使っていたんです。要するに英語が優先的に使われているのは間違っているといいつづけています。その主張の過程でポンと出てきたはずですけどぼくはそれを見逃さなかった。なるほどと。それじゃあ英語帝国主義だと。言語帝国主義という一般論でいっているわけですから、これを英語に適用すれば、英語帝国主義になるじゃないかと。それで英語帝国主義ということばはぼくの頭の中ではもうすでに動いていた、渦を

巻いていたわけですね。

　それと同時期に、一橋大学名誉教授の田中克彦〔たなかかつひこ〔1934 〜〕〕さんの『ことばと国家』が 1981 年に出版されました。今の話と重なるわけですよ。1980 年にウェールズでの調査がつづいているでしょう。その翌年の 1981 年に田中さんの本が出る。重なっているわけです。そのころそういう本を徹底的に読んでいたわけです。ですからますます英語帝国主義の研究を理論的にも進めようと思った。田中さんの本の 10 年後に、Robert Phillipson: *Linguistic Imperialism*（「言語帝国主義」）、Oxford University Press,1992 が出ました。内外ともに言語（英語）帝国主義問題が盛んに論じられるようになっていたのです。

　田中さんの本の中で忘れられない部分があります。中世スペインにカスティリア語文法を書いたネブリハ（Antonio de Nebrija〔1441/44 〜 1522〕）という言語学者がいて、その人が俗語だったカスティリア語に文法をあてがうことによってカスティリア語を標準語にした。そして標準語になることによって国家語にもなった。国家語になって他の言語を排除した。

　つまり、ある言語は、それに文法があてがわれることによって標準語になり、社会的大言語にもなりうる。となると国家が栄えることによって言語も栄える。言語が栄えることによって国家が栄えるという関係が生ずる。

　田中さんはそれだけでは終わっていないわけ。大言語の二律背反性で、他の言語が排除されていく。この理論は考えてみたら非常に分かりやすい。英語という社会的大言語を放っておいたら、社会的小言語がどんどん排除されてゆく。ということは、使い手もついでに差別されるということ、これは放っておけな

いじゃありませんか。作家の水村美苗（みずむらみなえ〔1951〜〕）さんが、2008年に『日本語が亡びるとき　英語の世紀の中で』（筑摩書房）を出版しますが、彼女の予言は、デジタル化社会の到来にともない現実化が早まったと思います。また、今世紀を「英語の世紀」とする認識は的確です。

　だからさっきからの話と重なるのだけど、そのような言語のメカニズムを考えたときの英語教育はどうあるべきか。これは泣きの涙ですよ。こういう状況で大言語の教育をするというのは。ぼくの悩みはまだ片づいていませんけど、それでも一生懸命考えて、社会的な大言語を教育するのには、一つには「対抗理論」でその言語に立ち向かうことです。対抗理論で行きますと、話は実は簡単で、藤原さんも対抗理論ですよ。全員対象の英語教育を止めろということです。言語における富国強兵政策を止めるのはそんなに簡単なことではありませんが。

　好ましいことではないけれど、英語の世紀の中で、全世界の人たちが英語を使って生きている、商売もしている、それで食っている、家族の生活もそれによって成り立っている、そういう時に、やめればすむという話じゃありませんよ。どうしたらいいでしょうか。

　だけど「対抗理論」だけではすまない。じゃあどうすればいいか。言語の大言語性（侵略性）を乗り越える、つまり無力化する方法を考えなきゃいけない。乗り越えるのは、自分で英語を使って、なおかつ自己流であってもそれを使うことによって、母語者の言説を乗り越える、あるいは口頭で説得できる、そこまでいかないといけない。それをぼくは「空洞化理論」と呼んでいます。つまり、大言語の力を自己流の英語で削いでしまう、

つまり空洞化してしまう。これは伸るか反るか命がけです。実は。それをずっとやりつづけてきて、教育でもそれをやらなきゃいけないということ。そうすると一方で、英語というものを身体化しなきゃいけないということになるんです。これは容易な話じゃない。だけどぼくの（名古屋市の）南山学園における最初の教育は、これもまた教科書を作った時と同じで、十分意識はしていなかったのですが、やはり先輩の英語教育を受けて、取れるところは取りながら、野崎先生のように細かいところで本当に命がけで教えてくれたことはありがたいにしても、先生自身が英語を使って英語国民を説得しようという、そういうことをやっているようには見えなかったわけです。だからダメだということじゃなくて、後に続くぼくたちはそれだけではいけないと、そう思ったわけですよ。そうすると本当命がけの、英語の"修養"（この言葉はもう死語です）と共に、英語で批評・批判する力もつけていかないといけないという、二重構造になるわけですね。

　ぼくは今まで書いたこともいったこともないですが、いちばん猛烈に英語を勉強し始めたのは大学生の頃です。そのころに読んだのはアメリカの学者の書いた文章論（英作文法）です。つまり英語の書き方です。代表的なものの一つが Sheridan Baker の *Practical Stylist*（『英語文章論の実際』、Thomas Y, Crowell Company, 1962）で、それをぼくはむさぼるように読んだ。英語の文章論を。なるほど英語はこういうふうに書くのだと。彼らの作法から入ってそれを超えて自分流の作法を確立しなければいけない。ちょっと普通の人よりは一生懸命勉強したと思いますよ。書き方について。その結果、英文作法についてぼくなり

の意見を持てるようになりました。

　この時の勉強が後年南山大学で英作文を教えた時に大いに役立ちました。それはティームティーチングでした。相棒はイギリス人のジョイス・マクドネル（Joyce MacDonnell）さんで、彼女とは『英語教育』（大修館）で担当した「英文表現演習室」でも一緒でした。残念なことに若くして亡くなりました。こうした経験や勉強が教科書を作る時に生きたわけですね。その到達点が『「英語教育神話」の解体』の中の教科書編（全3巻）です。当時狭い英語（教育）界での話ですが、ネイティヴを説得できる英語を書けたのは『英文修業五十五年』の著者で早稲田大学名誉教授の伊地知純正（いじちすみまさ〔1884〜1964〕）、英語のレトリックに見識のあった小沢準作（おざわじゅんさく）、英作文の大家で一橋大学名誉教授の山田和男（やまだかずお〔1906〜1985〕）のお3人でした。戦後の英語教育が学問化して英語教育学が誕生するとともに闊達な英語を書ける英語教師が姿を消しました、

　『ニュークラウン』の初版では皆さんに書いてもらった原稿にぼくが手を入れました。初めからぼくが書き直したのも相当あります。ただ後に非検定教科書をつくる時に、その当時『ニュークラウン』の初版で欲求不満だったことを今回はそれを欲求不満にならずに書けたわけです。

　どういう点かといえば、人の書いたものを直すことほど厄介なことはない。人の思想まで変えなきゃならない。そうすると初めからぼくが書いたほうがいいわけです。何がなんだか分からないような、そういう文章もありました。それはぼくにとってはたいへんな欲求不満で、ぼくが初めから書くならもっとこ

ういう風に書くのにと。しかし皆さんに意欲をもって参加していただくためには、皆が作ったという形にしたほうがいいという、そういう気持ちもありましたから、書いた人の文章をできるだけ生かすようにした。すると中途半端な文章になるのです。実際中途半端なものがいくつか出てきたわけです。それでもぼく自身で初めから書いたものがかなり生きていましたから、たとえば、ビートルズがそうですね。ビートルズの課は初めからぼくが書いた。アリスもぼくが書いた。『解体』の非検定教科書を書く際にはそのような欲求不満を味わうことがなく、大変ハッピーでした。教科書は本来、一人の人がその人の思想をきちんと表に出すことができるように、一人で書くべきです。そう感じますね。

『ファースト』という教科書

——1978 年の初版『ニュークラウン』と『「英語教育神話」の解体』に収録した非検定教科書との間に『ファースト』という高校教科書がありますね。

中村　『ファースト』に関してはあちこちで書いたことがありますけど、改めてもう一度申し上げますと、『ニュークラウン』をやっていての欲求不満があったのは申し上げた通りです。書きたいことをきちっと書けないと、いろんな意味から。ところが『ファースト』という教科書は、ぼくの考えで自由に作れた。本当に書きたいことをきちっと書くということができたわけです。三省堂はぼくの思想的推移については十分承知していなかっ

たともいえます。教科書作成史からいうと、嵐の前の静けさでした。

　1966（昭和41）年にロンドン大学に留学した時にマレーシアから来た連中と一緒になったんですね。マレーシアから来たジョン・ジュス・ダセンでした。彼は日本でいう学芸大学の教授でした。どういうものかぼくに非常に親しみをおぼえて、ジャップと呼んだんですよ。ジャップは止めろといったけど、そのうちにだんだん慣れるものですね、怖いですよ。

　それである時、パーティをやるから来いっていうんですよ。「いらっしゃいませんか」（I wonder if you could come to our party.）なんて丁寧なことば使わない。来い（Come!）ってことですよ。それで行った。例によってマレーシアの連中の手づかみで食べるカレーです。ぼくは初めてなんです、カレーを手づかみで食べるというのは。これぞ食の身体化です。手が味を感じるものですね。日本だって寿司は手で食べるわけだから、初めての経験じゃない。でもカレーというのは初めてでした。

　ところが、食べているうちにジョン・ジュス・ダセン君が、世界で一番残酷な国民はどこだと思う？といいだした。それきたと、それを聞いた時のぼくの心のうちは説明しにくい。とっさに、嫌だなと思ったんです。必ず嫌な戦争体験が出るぞと思った。戸惑いましたが、その時の勢いでどうにもならない。話はどんどん進んである人がナチといった。ナチは納得できる。でも、彼は、No. No. No. といった。どこだって聞いたらジャップだと。

　興奮した彼は続けていった。よく知っているおばあちゃんが、もう気がふれて、孫を殺されたと叫んでいた。日本のソルジャー

に殺された。彼女は叫び続けた。とにかく完全に正常ではなくなっていた。真っ裸のまま歩きながらそれやったっていった。彼は、俺はそれを知っているよと。実際に赤ん坊を空中に放り投げて、落ちてくるところをこうやって銃剣で突き刺したと。それを俺はこの目で見ているといった。

　その時ぼくは、30歳を過ぎたいい歳の自分がちょっと情けないと思った。その銃剣での刺殺事件は初めて聞いたのです。そんなことがあったということを初めて知ったのです。それで情けないと思ったのは、ぼくは教科書作成にコミットしていながら、こんなことも教科書で書けていない。その時、いつかこれは教科書に書こうと思った。本当にそう思った。こういうことを日本人が知らないでいて、しかも若い生徒たちがこんなことをまったく知らないままで過ごしていいものかと。

　そうしたら『ファースト』という高校の教科書をつくるチャンスが巡ってきたのです。躊躇せず書きました。それでご存じのとおりの社会問題となった。つまり『ファースト』という教科書は、中身の上でこういうことまで知ってほしいということを正直に書いた。『ニュークラウン』では実践できなかったことを実践したのでした。まだ社会状況もそのような実践が可能だと思っていたのです。それで書いてしまった。しかし、そのような認識は甘かった。その結果はご存じのとおりです。

　歴史的証言として一言。その時の教科書調査官は知人の小笠原林樹（おがさわらりんじゅ）さんでした。彼が『ファースト』担当の調査官だったから検定をパスしたと思います。そうでなかったら通らなかったかもしれない。自民党議員（当時）の亀井静香（かめいしずか〔1936 ～〕）さんがこの事件を批判しまし

た。しかし、亀井さんの批判のターゲットは著者であるぼくとか出版社ではなかったと聞いています。検定をパスさせた文部省がいけないということだったみたいですね。これは後から分かった。小笠原さんは相当の逆風を受けたんじゃないでしょうか。考えてみれば、それ故にぼくも三省堂の著者でいられなくなったのです。三省堂は巧妙にぼくをクビにしたのでした。会社にとって利益にならないと思えば、いつでも対応はひっくり返る。どんなに格好をつけていってもそれがこの世界なのです。そんなに迷惑をかけるなら辞めればいいと。どうぞおやりくださいというぐらいの気持ちがいつもあったものですから、クビについては何もいうことはない。事件後三省堂に残った編集部の責任者だった峯村さんは相当苦労したはずです。でも、ぼくと"心中"していたらこの著作は日の目を見ることはなかったでしょう。

『ファーストⅠ』の目次

Lesson 1 Our World（私たちの世界）

Lesson 2 I Will Be a Singer-songwriter（僕はシンガーソングライターになりたい）

Lesson 3 An Indian Looking for a House（家を探すインド人）

Lesson 4 The Year 2,000（西暦 2,000 年）

Lesson 5 The United Kingdom（イギリス）

Lesson 6 Tsugaru-go（ぼくの母語は津軽語）

Lesson 7 "We Love Bolivia"（ボリビアに魅せられて）

Lesson 8 The Mossi People（モシ族）

Lesson 9 The United States of America（アメリカ合衆国）

『ファーストⅡ』の目次

英語社会学の提唱

——「ウェールズにおける言語侵略」という論文が『成城文藝』に掲載された 1982 年のその年に、先生は大修館の『英語教育』に「英語社会学の提唱」という論文を書いておられますね。

中村　英語がもっている問題点をもっぱら言語内の問題として論ずるのは不十分だと、かねがね考えていました。それは社会の問題、つまり社会学の問題だと。ぼくは英語社会論とも呼んでいますが、それを体系化する必要があるということがこの段階で分かったのです。それまでまとめてきた文化意味論も英語社会学の射程に入るわけですけど、そういうものを含めてちゃんと体系化する必要がある。それを手掛けようとしたのが英語社会学です。目的の一つは、社会的大言語である英語の侵略性と排他性、それと高度な通用度をどのように克服する、あるいは一体化する方法を理論化することです。ぼくは、「対抗理論」と「空洞化理論」を提唱してきました。

　ところがもろもろの事情で、ぼくの非力もあって、残念ながら目的を達することができなかった。でも、今からでも遅くないです。仕事に取り掛かりたいくらいです。

　英語社会学の輪郭と歴史から始まって、社会学的視座を導入するもので英語をトータルに解明することを目指すものです。

これはぼくがやり損なったから、ぜひ若い人に進めてほしいと思います。英語社会学というのは、たとえば、環境社会学というのがあるんですよ。

　滋賀県の元県知事で元京都精華大学教授の嘉田由紀子（かだゆきこ〔1950〜〕）さんが環境社会学を専門にしていた。環境を狭い範囲に限定して研究しても問題の解決にならない。これは社会の問題だという、そういう視点をもっている人がいる。じゃあ同じだこれはと思って、ぼくはメールを書いて、エールを送ったんです。応答はありませんでしたけど。ぼくはこういう学問をやっていますけど、ということも添えて、ぜひ知事になって環境社会学を実践してほしいと。実際にはいろいろな制約から思うほど活躍できなかったようでしたけど、英語社会学の問題と共通する研究の枠組みを考えている人がいるということが分かって力強い思いをしました。

『英語はどんな言語か』の出版

——1989（平成1）年には『英語はどんな言語か』が出ましたね。これは英語の社会的特性を解明した類書のない貴重な研究書でした。

中村　これについては、ぼくが今まで読んできたいわゆる言語帝国主義あるいは英語帝国主義と関係のある文献を、できるだけ皆さんに読んでもらいたいということで、全部抄訳を付けましたけど、ずいぶん引用の多い本になりました。だけどこれは資料を提供するということが大きな目的で、ぼくが抽象的にた

だ論じただけでは説得力がない。事実の問題として、英語に虐げられたこんなにも多くの人たちが体験を語っていると。また多くの専門家もこんなふうにいっています、と皆さんに伝えなきゃいけないと考えていたのです。その頃夢中で読んだのは、Meic Stephens: *Linguistic Minorities in Western Europe*（「西ヨーロッパにおける少数言語民族」）, Gomer Press, 1978 です。ウェールズへの興味がいっそう掻き立てられた著作です。

　たしかに『英語がどんな言語か』は、非常に引用が多い。しかし、ぼくはこういうふうに理解しているからこのように引用しているのですよと、そういう伝え方をしましたから、十分意図は読者の胸に届いたと思います。

　たまたまこれは大学から1年間国内研修のチャンスを与えられて書いたものです。ぼくのような生き方をしていると本などなかなか書けないんですよ。なぜかというと、教えることにコミットしていましたから、本を書く時間がとれないのですね。それで1年間の国内研修の機会が与えられたので、初めからこういうのを書きますよというのを目的として提出し、それが認められて、本の形にすることができたのです。成城大学に感謝です。

　少し横道にそれますが、この著作が世間的にもっと問題にされてもよいのではと考えましたが、そうならなかった理由の一つは、本書が一般書ではなく英語教育シリーズの一環として出たことにあったと思うのです。これは自分の非力を棚に上げていうのですが、峯村さんはどう思いますか。

——なるほど。社会的な反応や影響がちがうことは確かですね。

中村　この本で英語帝国主義を批判した同じ時期に、津田幸男（つだゆきお〔1950～〕）さんと大石俊一（おおいししゅんいち〔1933～〕）さんが英語帝国主義批判を始めていました。一時英語帝国主義批判の論文が英語ジャーナリズムを席巻していました。しかし、ああいう本を出したというのは三省堂の名誉だと思いますよ。内心では、ハラハラしていたでしょうが。

英語問題の大型書評

――　1990（平成2）年に津田幸男さんの『英語支配の構造』と大石俊一さんの『「英語」イデオロギーを問う』が出て英語問題が注目を集め、先生は『週刊金曜日』にそれらの著書について大型書評をお書きになりましたね。

中村　これは本多勝一さんの依頼です。英語帝国主義関係の書籍の大型書評を考えていると。この大型書評という考え方は今日『週刊金曜日』では生きていません。あの頃（『週刊金曜日』の草創期）本多さんが編集長でしたから、大型書評は彼のアイディアだったと思います。与えられたページは（B4判で）4ページでしたから、相当な量でした。

　それは考えていたことを書くチャンスでした。研究社の編集部の津田正（つだただし〔1962～〕）さんが後にぼくに手紙をよこして、英語の教師が縦の活字で書くのを始めてみました、中身にびっくりした、と。津田さんのこのコメントはある意味辛辣です。

――先生が『週刊金曜日』に大型書評を書いたのは1994年でしたが、翌年の1995年に研究社の『現代英語教育』で「英語帝国主義の系譜」という特集をやった。

中村　『現代英語教育』の編集長の津田正さんが大型書評を読んで、英語帝国主義というのをもうちょっと理論的にまとめていきたいと。だからこれは英語社会学に近い話なんですよ、実際は。英語の大言語化の経緯から説いて、いったいいつからどのように英語帝国主義が発生したのかと、こういう問題ですね。

　今なら少し違った形で書きたいと思っていますけど。言語帝国主義のネブリハの問題とかかわるけど、世界史的に見るなら、最初はオランダ語ですね、オランダが覇権国だった。これがだいたい100年ぐらいつづく、17世紀から18世紀まで。その後に、イギリスとオランダの覇権争いが100年ぐらいつづいて、イギリスが勝つわけです。

　そうなると今度はイギリスが覇権国になる。やがて大英帝国が衰退して、その子孫のアメリカが覇権国となる。アメリカ英語とイギリス英語が彼らの国家語ですから、英語帝国主義はそのままずっと継承された。今なら以上の経緯を外すわけにはいかない。

　ぼくは田中克彦さんとも対談をしているのですが、この分野についてぼくがまだ不勉強だった頃です。後から考えると。田中さんは英語帝国主義よりもその基になっている言語帝国主義という大きい視野にはるかに関心があったように思います。これは正しい判断です。英語帝国主義もその一部である言語帝国

主義の問題を読み解かなければ、英語帝国主義の解明は不可能
だからです。

思想形成と恩師

——ちょっと話題が変わりますが、先生の思想形成にも関係す
ると思うのですが、先生が受けた教育について話していただけ
ますか。

中村　これまた大変おもしろいテーマです。ぼくは中学・高校・
大学と英語の教師にはたいへん恵まれました。最初の中学校（旧
制の愛知県小牧中学校）の時の先生が角川書店発行の『外来語
辞典』を後にお書きになった荒川惣兵衛（あらかわそうべえ〔1898
〜 1995〕）先生です。荒川先生がぼくの英語の手ほどきをしてく
れた人です。4 月入学して初めて英語を教えてくれた。

　ところが英語の先生という感じがしなかったですよ。授業で
の最初のことばは、「日本は負けます」でした。みんなお国のた
めに死ぬ気になっていた時のことばとしては刺激が強すぎまし
た。これから英語という言葉を勉強しますなんて話じゃないん
ですよ。とにかく日本は負けます、あと何をしゃべったかよく
憶えていません。とにかく、英語のことはほとんどしゃべらな
かった。

　“乱暴な”先生で、アルファベットを家で覚えてこいと、こん
なのは覚えられるはずだから、一度発音はするけどあとは家で
やってと、こういう調子ですよ。昔はそれですんだ。旧制の中
学生はエリートでしたから。一晩で覚えられたら英語はものに

なると。一晩でぼくは覚えられたんですよ。その記憶があるものだから英語が好きになっちゃった。

　ところがその日の荒川先生は英語のことは何も教えてくれなくて、1時間中いかに学校の先生が虐待されているかという話。玉子7個と先生の月給が同じだと。今考えてみると、いおうとした先生の気持ちは本当によく分かる。学校の先生をこれだけ虐待しておいて、文化もクソもあったものじゃないと。英語をまともに教えるなんて無理だと。それがぼくの英語教育へのイニシエーションでした。

　以後、中学校の後半、学制の改革があったりしてややこしいので細かいことは省略しますが、荒川先生の次に教えてもらったのが浅井定彦（あさいさだひこ）先生で、東京外語を出た先生でした。後に名城大学の先生になった人ですね。

　この先生は OED（Oxford English Dictionary）を使っているということで有名でした。ぼくなど OED なんてどんな辞書なのか見たこともなかった。当時ぼくたち生意気盛りの生徒が先生のところに定期的に遊びに行った。奥さんが昔タイプの女性で、嫌な顔をせずに一生懸命話し相手になってくれた。先生はむしろ黙って我々と奥さんの話を聞いておられました。ところが書斎には10何巻の OED が並んでいた。

　こうなると先生の勉強ぶりに関心をもちますよね。先生はあああいう辞書を引いて勉強をしている人だと、すごい先生だと。尊敬の念がなければ本当のやる気は起こらないものですよ。そういう先生に教えていただいた。

　大学でのことは『私説英語教育論』に一部書きました。忘れられないのが野崎勝太郎先生です。ソニーの創業者の一人であ

る盛田昭夫（もりたあきお〔1921 〜 1999〕）さんが旧制第8高
等学校での野崎先生の教え子でした。野崎先生の思い出をある
ところで書いていたのを、知人がぼくに送ってくれたんですよ。
盛田さんがこういうこと書いているよと。書いてあることは、
野崎先生がどのように厳しかったかということです。今の生徒
から見ればまるでオトギ話です。

　その野崎先生にはクロースリーディング（精読）でトコトン
鍛えられました。たとえば、ever を「かつて」と"訳す"と、辞
書のその語の訳語の不適切性を含め 30 分間説明が続いた。痛快
だったのは、アメリカで育った学生がクラスにいたんですよ。
K という女子学生で、先生がどうするのかなとぼくはちょっと
した興味ですよね。ああいうネイティヴ育ちをどうするのかと。
ある日当てて英文解釈を求めた。当たり前ですが、普通の生徒
と同じように何も区別しないで。ところが野崎流のクロースリー
ディングなんて経験がないわけですよ。分からなくて立ち往生
した。野崎先生は、「K は案外できないからね」って。ちょっと
気の毒だと思ったけど、ぼくが野崎先生を尊敬したのは、アメ
リカで育とうが、日本人の立場で英語を読めばこうなると。今
は日本人を相手に一生懸命やっているんだから、ついてこいと。
それに応えられないようじゃダメだと。こういう時の野崎先生
は毅然としていて男女の区別などしなかった。

　それとまた、ぼくが後年、英語を教えながら人間教育という
ものを考える大きなきっかけは野崎先生です。ぼくが大学を卒
業して南山学園の中学高校で教鞭をとっていた時、野崎先生か
ら電話がかかったんです、大先生から。びっくり仰天して、そ
うしたら、「中村君ちょっとお願いがある」というので、それじゃ

あ先生の研究室に伺いますといったのです。そうしたら、「いや
いや、これはぼくが君に頼むことなんだから、ぼくが君のとこ
ろに行くよ」とおっしゃった。これぞ人間教育だと思った。一
生忘れない。

　なるほど、人間教育というのはこういうものかと。お前たち
には英語を厳しく教えているが、社会に出てから一人前の人間
として通用するためだ。英語を教える意味についての持論を実
践して見せてくれた。ただの英語人間を作ることとは無縁だっ
た。

　その大学生の頃に入れ込んだのが中野好夫（なかのよしお
〔1903 ～ 1985〕）さんです。中野さんには直接教えてもらった
ことはないけど、実に多くの本をぼくは読んでいて影響を受け
ました。

　どうして中野さんをそんなに敬愛したのかはちょっと面白い
ですね。中野さんには失礼だけど、気質的に中野さんとぼくは
似ているのではないかと思うのです。思想的にも共鳴したので
すね。

　中野さんは『文藝春秋』にもよく書いた。そのうちの一つが、
詩人の土井晩翠（どいばんすい〔1871 ～ 1952〕）をめぐるエッ
セイです。中野さんの最初の奥さんは土井晩翠の次女だったの
です。そんなわけで、土井晩翠が亡くなって仙台でのお葬式に
出かけることになるわけです（1952 年）。そのことを書いた文章
が「土井晩翠と私」です（「文藝春秋」1952 年 12 月号、『中野好
夫集』新潮社、1984、第 2 巻所載）。その時仙台の市長が「故人
晩翠に『晩鐘』なる詩集が存在するかのような珍弔辞」を読んだ。
「まさに詩（ミュー）神（ズ）が俗吏により凌辱され終わった、

愚劣きわまる一場の文化茶番にすぎなかった。」

　ぼくが中野さんに影響を受けた理由は、何によらず権威を認めなかったことです。中野さんは戦争協力者です。これはまたもうひとつの大問題です。でも人間ですから間違いもする。問題はその後どう生きたかです。沖縄問題への取り組みは並みのかかわり方ではありませんでした。そういうことをぼくは中野さんから学んだ。

　戦争中に軍に協力して多くの詩を書いた高村光太郎（たかむらこうたろう〔1883 ～ 1956〕）は戦中の生き方を完全に否定して『暗愚小伝』（1937 年）を発表しました。彼の完全な自己否定とそれに伴う戦後の生き方を考えると、中野さんの生き方は甘いといえば甘いといえるのではないでしょうか。

　ついでにもう一つ。中野さんが提起した問題を研究対象とする若い研究者が誕生しました。東京海洋大学の準教授斎藤浩一（さいとうこういち）さんです。論文「中野好夫『直言する』（1942～ 43）について」（東京海洋大学研究報告第 14 号、平成 30 年 2 月）は新しい研究者による本格的な中野論です。今後の活躍を期待しています。

　中野さんは（旧制の）中学生の頃、学校の規則があまりにも細かくばかばかしいことがたくさんあるので、それに批判を付して学校に出したんだそうです。そうしたら父兄が呼ばれた。それでお父さんが出かけた。その時に中野さんもついて行った。それでどうなったか、中野好夫さんの文章を引用します——、「四年生の終り頃だったが、私は上述百ヵ条（今風にいえば、「校則」中村注）の条々に一々赤インキで批評を加えて提出してやった。果たしてまた父兄召喚になり、父子そろって謝れば許すとのこ

とだったが、意外にも父親の方で、それでは子供はもう引き取りますとかいうことで、サッサと退学手続きをとってくれた。親父と二人、もう二度と潜らぬ校門を後にした帰り途で、私は学校の前を流れるT河に、肚からの憎悪を込めて白線の制帽を力一パイ投げ込んだ。間もなく私は放たれた小鳥のような思いで京都へ出たが、あの時ほどサバサバした気持ちは今もって知らぬ」(「教育しない教育（一）」、『中野好夫集』第2巻所載)。

　内容と文体とも、油の乗った時期の中野さんの典型的文章の一部です。それは、その頃のぼくが目指した文章のモデルでもあります。

　シェイクスピア学者としては一流とはいえなかったかもしれませんが、日本人としてシェイクスピアをあれだけ読みこんだ人はそんなに多くはいません。『シェイクスピアの面白さ』(新潮社、1967〔昭和42〕年) など、やはり抜きんでていると思います。中野さんには、直接教えてもらわなかったけれども、教えてもらったも同然の影響を受けたと思います。娘さんの書いた中野利子『父　中野好夫のこと』(岩波書店、1992年) は中野さんの人間性を知る上でも必読の一著でしょう。親子の感傷を抑制した文章は、それこそ中野さんの性格そのものだったと思います。

　大学時代に中野さんと並行してぼくがものすごく影響を受けたのは、英語学者の細江逸記 (ほそえいつき〔1884 ～ 1947〕) さんです。

　細江さんは、東京外語の出身で後に大阪商業大学の教授になった人です。細江さんと同世代で市河三喜 (いちかわさんき〔1886 ～ 1970〕) という日本の英語学の大御所、英語教育の大御所と呼

ばれていた東大教授がいました。市河さんは東大出身で、その市河さんの著作を批判したのが細江さんです。批判の対象は市河さんの『英文法研究』（初版 1912〔再販 1952〕）で、その批判が載ったのは『精説英文法汎論』（初版 1917）で、英文で書かれた序文です。

　ところが細江さんは前段で『英文法研究』を褒めているのです。それで細江さんが市河三喜を高く評価していると書いている方が多いんです。でもそれは誤読ですね。あれは当時の人間の礼儀だと思います。次に原文を引用します。

Prof. Ichikawa of the Tokyo Imperial University gave us, a short time ago, one very excellent work on English grammar, which I believe will live down to posterity as a monument of the philological study of the English language in this country. But his is a fragmentary work, treating of certain detached phenomena in the language which have hitherto been disregarded by most scholars; and though it has given a great impetus as well as benefit to English study in this country, we still are in want of a grammar that treats of the language as a complete whole.

（抄訳：つい最近、東京帝国大学の市河教授は、英文法に関する卓抜な仕事を公にされた。それは、間違いなくこの国における英語学の研究の記念碑として末代まで残る業績である。しかしながら、市河教授の英文法研究は、今日まで、大方の研究者によって無視されてきた個別の言語現象を扱ったもので、断片的なものである。氏の英文法研究はこの国の英語研究に大いなる刺激と利益を与えることは間違いない。しかしながら、この国には、英語をまとまった体系として扱っている文法書は依然

として存在しないのである。）

　細江さんは『英文法研究』をフラグメンタリー（fragmentary）
と批判しました。要するに断片集だと。断片を集めただけのも
のだと。辛辣です。しかも、先達に対する批判が一般的でなかっ
た 100 年も前の事件です。最初にいった褒め言葉がここで帳消
しになるわけです。

　ところが英語のプロたちはそこを読まずに褒めているところ
だけとりあげている。ぼくが知っている限りでは、英語教育・
英語学関係の皆さんで英語学の父は細江逸記だといった人は一
人もいない。今風にいうと忖度じゃないですか。時代が時代で
したから、市河さんを批判できなかったのですね。でも英語学
史は塗り替えられるべきです。

　手元にある『精説英文法汎論』は泰文堂の発行で「昭和十七
年七月十日発行、定価五百円」と記されている。裏表紙に自筆
で 1951 年 6 月、豊橋にて求むとある。大学 1 年生の時に購入し
たのです。本文全 431 ページの大冊です。1 年生の時にどうし
てこの本を手に入れる気になったのか記憶がありません。当時
非常勤で英文法を熱心に教えてくださった（愛知県立女子短期
大学〔現愛知県立大学〕の）小川三郎先生の影響だった可能性
があります。

　市河さんの『英文法研究』を "断片集" と批判しただけあって、
この英文法書は紛れもなく体系化されています。① How long did
it take to get to the station?　② She begged us to tell her how long she
had to live.（how long は she had の目的語〔中村注〕）の中の how
long を名詞相当と解説した部分は当時のぼくにはそれこそ目か

らウロコでした。

中村敬のまとめのことば

——最後に先生のまとめのことばをお願いします。

中村　中学・高校・大学と、もっぱら学ぶ立場にいた10年間と、その後成城大学を定年で辞めるまでのおよそ半世紀の間、英語を教える立場にいました。しかし、教える立場になったからといって"学ぶ"ことを放棄したわけではありません。

　学ぶこと、教えること、研究することは三位一体でした。たとえそれが不十分であったとしても、絶えず学んでいなければ、自信をもって教壇に立てませんでした。ぼくの人生は、学ぶ人、教える人、研究する人の3足のわらじを履いて、そのバランスをとろうとしました。

　教えることは、生徒に生きていくための準備をさせることです。その準備の基本は、（1）　数字の理解力と運用力　（2）事実や考えを伝えるコトバの理解力と運用力です。これらの理解力と運用力はすべての人に求められている力です。これがなければ、社会生活はかなり困難でしょう。それでは英語はなんのための準備か。

　もともと、英語を学校のカリキュラムに位置づけたのは、国防のためでした。その意味で英語はもともとエリートの言語でした。ところが、戦後英語がすべての「国民」の実質必修の外国語となったのです。そこから問題が起こりました。国防に代わって使われてきたことばは、経済成長（発展、開発）です。

それは現代版「富国強兵」政策です。今日50万人以上の受験生に等しく英語の4技能をテストする試験を課そうとしたのは、英語を学ぶ基本理念にいささかの変化もなかったことを示しています。このような歴史的経緯の中での英語教育のあるべき姿を追究したのがぼくの一生でした。それは葛藤の一生でもありました。

　葛藤は、英語を深く学び、教え、研究することが、文化の深層に触れることのプラスの側面と、富国強兵という国家の理念を補完することになるのではないかという負の側面との間に生ずる葛藤です。その負の理念は自由であるべき教育や学問の自律性に反する。その葛藤を克服するために、あるいは特定国の言語であることから生ずる英語帝国主義状況を克服する理論として、ぼくは「対抗理論」と「空洞化理論」を提出し、それを実践することで闘ってきました。闘いはまだ終わっていません。

（速記・写真　吉田進悟）

インタビューを終えて——中村敬の追記

（1）現在、本稿で記したような意見を発表できる英語（教育）ジャーナリズムは存在しません。一時は『英語青年』（創刊 1898年、休刊 2009 年）『現代英語教育』（以上、研究社）、『英語教育』（大修館）『新英語教育』（三友社）など、5 種類以上の月刊誌が同時に出版されていました。今回の民間試験の大学入試への導入問題で、当事者である英語教師の意見はまったく表に出ませんでした。英語（教育）ジャーナリズムが健在なら、英語教師が今回のように影の薄い存在ではなかったでしょう。こうなった原因の一つは社会のデジタル化によって、ことば（とりわけ手書きの文字）に対する関心が減退し歪んでしまったからです。外国語に真剣に取り組もうとする風潮がなくなりました。外国語教育だけでなく教育そのものの危機です。しかし、人によっては文化の曲がり角というでしょう。

（2）母が台湾人、父は日本人の作家の温又柔（おんゆうじゅう〔1980 〜〕）さんは、「日本人でも『音』で聞き取る話言葉と違って、文字で記す書き言葉は『標準日本語』でなければいけない、という強迫観念があると思うのです」といっています（『週刊金曜日』1271 号、p.36 〜）。今回の原稿は、録音された話ことばを速記者によって文字化され、それを標準日本語に修正したものです。ぼくの深層心理に、標準日本語への強迫観念があるのかもしれません。しかし、実際の意識としては、話しことば独特の「そうすると」「そんなわけで」などの「つなぎ語」や「その

ような」「この」などの「指示語」が頻用されることで、それを忠実に書きことばに移行すると、大変読みにくい文章となります。最終原稿は読みやすさを基準に修正したものです。温さんの文章から、改めて日本語の書きことばと話しことばの複雑微妙な差異を意識させられています。

（3）①このインタビュー（2019年12月24日実施）以降に公表された論文の一つにオックスフォード大学教授の苅谷剛彦（かりやたけひこ〔1955～〕）の「教育改革神話を解体する」（『中央公論』2020年2月号）があります。阿部、藤原両氏の論文とは別の角度からこの国の英語教育論の特異な現象を正確に指摘しています。

　日本の近代化の成功物語の文化面での主人公は英語のエリートたちでした。日本の置かれた地政学上のポジションのおかげで、また英語帝国の直接支配を受けずにすんだおかげで、彼らは、聞く・話すなどのスキルの向上にはわずらわされずに、英語で書かれた資料の解読に注力できたのです。そこで、苅谷さんは次のようにいいます――、「（英語エリートたちによる）日本語化成功が21世紀になって、今度は『英語のしゃべれない日本人』として問題化されるのだ」と。近代化を担った英語エリートたちの業績を認識できず、彼らの話す・聞く英語の実用的スキルの不足を上げへつらう多くの日本人の姿勢は今日に至るも後を絶ちません。こうなった理由の一つは、戦後アメリカを中心とする連合国軍に1945年9月2日から1953年4月28日まで7年間占領され、日本人が突然話す英語にさらされたからです。アメリカ奴隷になった日本人は、自分たちがこんなに英語を話

せないのは、シェイクスピアが解ってもロクに話せないあの連中が悪いのだとなったのです。

②前川喜平（まえかわきへい〔1955 ～〕）の「教育政策と経済政策は区別せよ」（『世界』2020 年 5 月号）は、今日のデジタル化社会における経済と教育の関係について、「経済は教育の上位概念ではないし、経済産業省は文部科学省の上位組織ではない」と述べています。彼は、ICT 教育が進まないのは、その財源が自治体の一般財源の中に入っていることになっているからだとしています。彼は、ICT 教育が果たす役割を高く評価しつつも、公共財としての教育を市場に任せていくと教育の機会均等を破壊し、教育の格差を拡大する危険性があるときわめてまっとうな議論を展開しています。ただし、区別するだけでは問題の根本的解決にはならないでしょう。ICT は経済活動と密接にかかわる先端技術の産物なのですから、ICT の導入は教育の理想と相反の関係にあるからです。理想を追求して止まない教育と、それを無視しては今後の教育が成り立たないと考えられている先端技術の産物との折り合いをどうつけるのか、途方もなく大きな問題です。

（4）歴史とともに古い富国強兵政策（p.11 ～ 12）は、国会・地方議会の議員の男女比の不均衡に象徴されているように、日本での女性の社会進出を遅らせている原因の一つとなっています。前田健太郎（まえだけんたろう〔1980 ～〕）東大准教授はその原因を「国家が主に軍事的な活動を行う組織だったこと」に求めています（「朝日新聞」2020 年 3 月 7 日付、第 13 面）。歴史的に、女性は "後方部隊" の一員なのです。そのシステムと日本

人の意識を変えるのは容易ではありません。

　（5）ぼくは、96歳で依然として健筆をふるっていた外山滋比古（とやましげひこ〔1923 ～ 2020〕）さんの、英語教育を文化の学ととらえる微動だにしない英語教育論にどれだけ啓発されたか分かりません。ここで本稿の（p.41）の留学に関連して、外山さんの留学論に触れます（『日本の英語、英文学』研究社、2017）。「外国で二年ぐらい勉強したところで、研究などできるものではない。」漱石（1867 ～ 1916）は、*Principles of Literary Criticism*（「文学批評の原理」）、*Practical Criticism*（「実践批評」）などの著者であるI.A.リチャーズ（1893 ～ 1979）より20年も早く文学理論を書いたとされています。「ひょっとして、日本英文学会全体が、漱石とリチャーズの業績を正当に評価できなかったように思う」「英文学が、文化的に重視されなくなったのは、文学青年趣味と教養主義であると言ってよいだろう。」外山さん自身は留学もせず、「修辞的残像」で文学博士号をとったのでした。ぼくは若い頃に読みましたが歯が立ちませんでした。ひょっとすると、英語界全体が外山さんの英語教育論を含む業績を正当に評価できていないのではないでしょうか。文学趣味と教養主義は、英語そのものに日本人が肉薄するのを押しとどめているように思います。今日こうした風潮の根を無視して、英語を話せる教師の養成に文科省が血眼になっているのは、あまりにも軽薄です。英語教育を取り巻く状況はたしかに危機的です。

　外山さんの反・留学論は、外国の大学に在籍したことが重視される "舶来主義" が、依然幅を利かしている状況に対する批判

であり警告です。しかし、経済的に余裕のある家の子女により多くの留学の機会が与えられる現在の状況は社会的格差そのものであり、英語帝国主義状況を固定化するのに手を貸しているといえます。これは、日本人、とりわけ富裕層の「無意識の植民地主義」の象徴です。(松岡亮二『教育格差——階層・地域・学歴』(ちくま新書、2019 年)

中村敬の仕事

―人間・ことば・英語教育

峯村　勝

はじめに

——英語教育史に記録されるべき傑物：中村 敬

　ぼくは38年間出版社の三省堂で検定英語教科書の編集を担当した。入社後最初の2年間は英和辞典の編集を担当したが、その後は定年退職まで教科書の編集を担当することになったのである。仕事柄多くの英語教育関係の学者や研究者、教師との交流があった。すばらしい尊敬すべき人が多かったが、正直にいえば、中には俗物としかいいようのないような人物がいたことも確かである。そのような交流の中で中村敬に出会い、その英語論や英語教育思想に触れて何度も触発された。中村敬の英語教育思想には歴史的に継承すべき価値があると感じていた。一緒に教科書の著作・編集の仕事をしたり、研究会に同席したり、また、大学定年退職後の白馬村での活動をみて中村敬は英語教育史に記録されるべき傑物だと感じ入った。

　中村敬の英語論、英語教育論の核心は①ことばの思想性　②ことばの社会性　③ことばの文化性といったことばの本質にたいする思想が中村敬の理論と思想、実践の全体に通底していることである。

　ことばの思想性の問題では、ことばは単なるコミュニケーションの手段・道具ではない。ことばは人間の思考や思想形成に直結している。人間は母語（中村敬は母語1といっている）獲得

によってヒトから人間になり、また、言語活動によって人間性が形成される。端的にいえば、人間は何をいうかによってその人間がどんな人間であるかがわかるのである。

　ことばの思想性の問題は、英語教科書の問題としては、すぐれて教科書の題材内容の問題であり教材の表現内容の問題である。英語教科書の題材内容は学習の動機づけや言語活動の小道具ではない。言語活動・言語表現の本体であり、英語教科書の生命線である。

　ことばの社会性の問題では、日本の英語研究・英語教育研究においては英語の音声や文字、単語、文法や表現といった英語の内的構造の研究は膨大な蓄積があるが、言語の社会性、英語の社会的特性に関する研究は皆無にひとしい状況である。大英帝国の言語、植民地においては支配者の言語であり、言語帝国主義的な歴史の中で世界に拡大して大言語となった英語の社会的特性を無視することはできない。英語という言語には他の民族語にはみられない危うい社会的特性があるのである。英語教育についても英語の社会的特性を無視して4技能（読み，書き、話す、聞く）の習得といった単なる手段・道具としての英語の活用に終始することはできない。英語教育は教授法の問題ではすまされないのである。

　ことばの文化性の問題では、ことばの文化的な意味のちがいや生活や文化のちがいに関する知識の問題だけではなく、人間形成や民族形成の根幹にかかわる文化の問題を解明し理解しなければならない。外国語教育で問題になるのは主として民族文化の問題であるが、民族文化は母語の問題と切り離せない。民族文化と母語の問題は民族の形成と人間の民族的アイデンティ

ティの問題である。

　また、中村敬は文化のエトス（本質）の問題として「センス
の世界」と「ノンセンスの世界」を解明したが、とりわけ「ノ
ンセンスの世界」の解明に力点がおかれていた。

　ことばの思想性、ことばの社会性、ことばの文化性という英
語論、英語教育思想の本質にかかわる問題について中村敬は問
題の解明と理論的・実践的な問題提起につとめたが、明治以来
の英語教育史の中でこのような英語教育の本質的な問題につい
て解明し論じた論者はいないのではないか。ぼくは寡聞にして
知らない。ぼくが中村敬は英語教育史の中の傑物であるといっ
たゆえんである。

　中村敬の実践活動はその理論と思想に誠実・忠実であり、英
語教育の真の教育価値とその実現を探求することは必然の結果
として国家管理的・国家統制的な英語教育政策と対峙するもの
にならざるをえなかった。1988年に起きた「ファースト事件」（政
治による強権的な教科書の教材の差し替え事件）は教科書の内
容に対する政治権力の露骨な介入の典型的な事件であったが、
中村敬はその攻撃と敢然とたたかった。

　中村敬は大学の定年退職後長野の白馬村に移住した。移住後
しばらくして推されて村長選挙に出馬し、個人紙『晩鐘』を発
行し、村政を批判して裁判をおこした。中村敬にとっては人間
の在り方・生き方とことばの問題と英語教育は不可分一体のも
のとして身体化されたものであり白馬村での活動もごく自然な
なりゆきであった。それが中村敬の言語観であり、英語教育観
であったのである。

［1］ 中村 敬の教師像

中村 敬教授を語る
──生き方を示した教師像──

吉田　正治

> この文章は『成城イングリッシュモノグラフ　第36号　中村
> 敬教授退職記念号』に掲載された文章の全文転載である。

　明治は遥か遠く、大正もすでに遠い。そして、気がついてみ
ると、昭和も、一桁は遠くなりつつある。この3月31日をもっ
て我が畏友中村敬教授は、いや、いつもの呼び名に戻そう、敬
さんは定年退職する。この事実は頭で理解していても心が拒否
しようとする。敬さんの存在が、声が、ほほえみが、息づかい
までもいつもそばにあって、私の日常を作っていてくれたから
である。こうした感情は同僚となってからは絶えずあったのだ
が、最近、特に私が学部長になってから陰に陽に彼に支えられ、
そして1年遅れて彼が研究科長になってからは、一層強くなっ
た。しかし、会うが別れのはじめ、が人生の運命なら仕方のな
い仕儀であろう。
　昨年11月9日に成城大学で開催された第93回「成城大学英
語教育研究会」に出席する機会を得た。この研究会は、成城大
学および成城大学大学院を卒業して英語の教師になった人たち
を中心に、英語学を専攻する大学院生、それに敬さんを慕う、

主に中学校・高等学校の英語の教員を加えて組織されたもので
ある。そしてこの 93 回目の研究会は主宰者の敬さんが今年度限
りで成城大学を定年退職することを知った会員たちが、現役最
後の話を聞こうと企画されたものであるから、事実上の最終講
義であった。

　敬さんがこの講演会で取り上げたのは日頃敬愛してやまぬ中
野好夫で、「私にとっての中野好夫──英語教師の原風景」と
いう演題の下に、①中野好夫がどう生きたか、②彼が戦中・戦
後身をどう処したか、③彼との出会い、という 3 つの観点から
中野好夫論を展開した。①では中野が生きた時代背景を概述し
ながら、中野をア）国家に足をおいてものを考えた伝統主義者
（nationalist）である（その意味では森有礼も同じ）と同時に人
間としての矜持を持った人（moralist）、イ）アングロ・サクソン
文化にのめり込んで必死に勉強した人（その意味では夏目漱石
をどうしても越えられなかった）と捉え、具体的には a）研究者・
教育者、b）翻訳者、c）社会運動家という 3 足の草鞋を履いた
人物と規定した。②では中野は戦前において戦争へ協力したこ
とに対する贖罪として戦後は沖縄問題に入れあげたと述べ、③
では中野と出会ったことで敬さんが学んだこととして、ア）専
門分野の深い知識と確かな判断力を基に自閉的でない人間を作
ること、イ）専門分野を越えて、視野を広げた社会を見る目を
養うこと、ウ）人間に対する興味を持ち続けること、エ）歴史
的視野を持つこと、オ）己の信ずることを実行に移すこと、カ）
日本人としての矜持を失わないこと、を挙げた。

　敬さんの中野好夫論を聞きながら、私の胸に浮かんだのは、
これは、敬さんの半世紀になんなんとする英語教師の総括なの

であり、中野好夫を語りながら実は自分の来し方を語っている
のだな、という思いであった。そう思えば、30年近くに亘る友
達づきあいでも解けぬ謎として消えることのなかったことも、
氷解するのである。

　敬さんは1978年に三省堂の編集部に依頼されて、編集主幹の
一人として文部省検定の中学校英語教科書『ニュー・クラウン』
に携わった。この教科書は敬さんの主義主張の反映した教科書
で、これまでの教科書がともすれば英米の文化受容一辺倒であっ
たものを多言語主義・多文化主義という比較文化的な視点を採
り入れ、アジア・アフリカにも十分な目配りをして発信型に変
えた、極めて斬新なものであった。ところが、それから10年経
た1988年出版した新しい高等学校向けの文部省検定英語教科書
『ファースト』は、敬さんの言語観や民族観をもっとラディカ
ルな形で前面に押し出したものだから、まず自民党の保守派に
属する文教族議員の目にとまり、果ては右翼の怒りを買う結果
となった。特に、敬さんが最初のイギリス留学で知り合った、
マレーシアの学芸大学から来ていたドン・ジャスダセン氏から
聞いた話を下敷きにして書いた、旧日本軍の残虐行為の件が彼
らをおこらせたのである。これは、敬さんにとって決して忘れ
ることのない社会的事件にさえなってしまった。私ははらはら
しながら見守るだけであったが、あるとき問題の課を削除する
ことによって事態の沈静化を図ると聞いて、敬さんらしくない
じゃないかと批判したとき、三省堂の編集者たちの生活がかかっ
ているんだよ、と敬さんは悲しい顔をしたのだった。が、正直
に言えば、歴史の教科書にすら載せるのを敬遠したくなるよう
な、政治的にも社会的にも微妙な（sensitive）問題を、英語とい

う外国語を教えるための教科書にわざわざ取り上げなくてもい
いじゃないか、その他にいくらでも適切な教材がないわけじゃ
ないのに、という思いを持て余していた。

　しかし、いまこうして敬さんの中野好夫論に素直に耳を傾け
れば、敬さんの教科書に対するこだわりは当然の帰結なのだと
納得がゆく。教科書作りは、あるいは教科書を観る目は、敬さ
んが他のところで述懐しているように、「言語観と民族観を基本
としたその人の思想（世界観）の質と密接に関わる」、つまり、「そ
の人が内面的にどの程度濃密に生きているのか」が問われるの
であり、とどのつまり、それは、敬さんにとって学問と同様に、
生き方そのものだからである。中野好夫がアングロ・サクソン
文化に全身全霊を傾けてもしっくりせずかつ漱石を越えられな
いと悟ったとき、戦前の戦争協力に対する贖罪の気持ちも手伝っ
て、英語教師を辞め社会評論活動に逃げ込んだように、敬さん
も典型的な「英語オタク」から出発したが、11 年を経て壁に突
き当たりそれを克服するために British Council の試験を受けてロ
ンドン大学に留学し（1966 年）、ウェールズとマルタ共和国でい
わゆる英語教育の実習をしているときに英語以外の言語の存在
に気づき、と同時に、上述のドン・ジャスダセンと知り合うこ
とによって自分のアジアに対する無知に衝撃を受けたのが敬さ
んの世界観を変える契機になった。そして、再び 1980 年に言語
問題を調査することを目的としてウェールズに 1 年間滞在し、
英語がウェールズ語をいかに抹殺したかを歴史的に辿ったこと
がその後の敬さんの生き方を決定したのである。英語の国際的
進出はイギリス帝国の植民地政策の、また第 2 次世界大戦後は
アメリカの圧倒的な軍事力・経済力・政治力の圧力の結果であ

り、それはまた各地域文化のアングロ・アメリカ文化による植民地化をもたらすことになる。英語の教師であることは結果として「英語一極集中状況を維持し再生産する」ことに貢献しかねないことを考えれば、その出発点において英語がすべてであった敬さんにとってその状況はまさに「文化語としての英語の豊かさと諸民族語を不可視の状態に陥れてきた英語の侵略性の間で宙吊りにされた」ものであったのである。この宙吊りの苦しさから自分を救うための一手段が教科書作りであってみれば、それは研究の合間に行う片手間の仕事になるはずもなく、おそらく中野好夫にとっての沖縄問題に相当するものであったのであろう。とすれば、妥協の入る余地がなかったことも頷けるわけである。

　この誠実さと倫理性が敬さんの生き方を規制していることは敬さんの言動を見れば一目瞭然である。自分が British Council の奨学金を得てロンドン大学に留学できたことに感謝しながらも、それが記号として「象徴的資本」になっていることを認識し、もし「イギリスが日本人のために税金を使うのであれば、日本の側も同じだけの奨学金をイギリス人に提供しなければ、対等な関係を築くことができない」と指摘する。この公平感覚は敬さんの高い倫理観の表出であることは言うまでもない。また、日常の言動においても、たとえば、昨年の10月始めであったろうか、教授会の後で2人で一杯やっていた時、身辺の整理をしていたのであろう、敬さんはふと、「考えてみると身すぎ世すぎをやりすぎた。だから学者として中途半端になってしまったんだ」と苦渋に満ちた口調で述懐して私を驚かした。この激しさがあるからこそ、ある若い同僚が自分の仕事と全く関係の

ないテレビコマーシャルに出演していることを許せない気持ち
になったり、2年ほど前に大学全体が新学部の創設を巡って揺
れに揺れていた時、教授会で「内職していた」これまた若い同
僚に「なぜ発言しないのか」と迫ったりすることになるのであ
ろう。学問が自閉症的な人物をつくってはならないのである。
そこで思い出すのは、文学研究科で立ち上げた学術講演会（文
芸学部との共催）の第1回（2001年12月13日に「21世紀が学
問に求めるもの」という演題の下に開催された）の講師として
招かれた木村尚三郎氏のことばである。氏は講演の最後の部分
で、最近の若手の研究者に自分の狭い専門分野に精を出してい
ればすべての免罪符が得られると考える傾向がある、との批判
をしておられたが、この批判は正に敬さんと共有する感情であっ
たろう。

　学問は、敬さんにとって、生き方そのものである。教育はな
おさらである。半世紀に及ぶ教師生活を通して変わらぬものは、
「いつの時代でも若者は事柄の本質を知りたいという欲求を
持っている」のだから、真摯に向き合えば学生たちの中にはか
ならず真摯に対応してくれる者がいるという信念である。事実、
2月22日に開かれた敬さんのゼミナール最終講義には、北は北
海道から南は四国から120人に及ぶゼミ卒業生が集まったとい
う。

　むしろ、「変わったのは教師の方である。学校（主として大学）
に「競争原理」と「成果主義」が持ち込まれて以来、教師と教
師の人間関係ががらりと変わった。筆者の見るところ、とりわ
け50代以下のかなり多くの教師に見られる、自閉的で非社会的
な言動は、この国の教育の未来について暗澹たる思いをさせら

れる。彼らは、その道のテクノクラートではあっても、自分の
まわりのことは目に入らない。教師もまた「慎み」というもっ
とも大切な徳目をどこかへ置き忘れてしまった。」(「ある英語教
師の半世紀」『英語教育』大修館 2001.4 〜 2002.3 から引用)。教
師は「慎み」を、つまり「人としての矜持」を失ってはおしま
いである。私は敬さんのこの警告を拳拳服膺したいと思う。

(2003 年 2 月 28 日)
(成城大学名誉教授)

［2］ 中村 敬と英語論

英語の社会的特性の本格的な解明
—— 「通用性」と「侵略性」、「商品性」

　中村敬は『英語はどんな言語か』のなかで英語には二つの社会的特性があると述べている。それは①二律背反性（a）高度の通用性→便利語　（b）侵略性→（権）力の言語　②商品性→資本言語である。

　①二律背反性（（a）高度の通用性）については、資料を分析して「①英語の使用地域が他の言語に比べ格段に広い　②世界のほぼ半分の国でかなりの程度の通用度をもって使われている　③フランス語のほぼ2倍、中国語のほぼ9倍の国で使われている、との解説がある。①二律背反性（（b）侵略性）については、英国の国内進出として英語（イングランド語）のスコットランド語、アイルランド語、ウェールズ語にたいする侵略、アジア、アフリカ、アングロ・アメリカ、オセアニアにたいする海外進出が政治的、経済的、軍事的な考察によって克明に述べられている。②商品性については、多民族国家であるインドの社会を例に挙げて、インドの国民にとって否応なく英語が「生きるための必須言語」であり、「現実的には出世のパスポートとしての言語」になった、と述べ、言語の侵略性と商品性が一体の関係で進行したこを示すものとされている。

　今日の日本社会における英語の侵略性と商品性の実体はどうであろうか。

　まず外国語学習指導要領によって法的・政治的に規制されている学校教育・公教育の問題がある。この外国語学習指導要領の外国語は英語とすることとなっている。また、この学習指導要領の英語観は政治・経済・社会・文化のグローバル化は英語化と不可分であるとする思想である。そのような思想にもとづいて小学校の英語教育が始められ、中学校や高校では英語で授業を行うことが義務づけられている。

　いま一つは英語の公用語化の問題である。船橋洋一は『あえて英語公用語論』で英語の第二公用語化を提唱したが、楽天株式会社では2010年の年頭スピーチで代表取締役会長兼社長の三木谷浩史は「社内公用語を英語とする」と宣言し、2012年に本格的な社内の英語公用語化が始まった。会議や資料、社内のやり取りはすべて英語で行われ、昇進はTOEICの基準点をクリアすることが条件とされ、人事評価も英語力が重視される。

　楽天の社内公用語化も容易ではなかったようであるが、今はハーバード・ビジネス・スクールのダール・ニーリー教授のサポートで成功的な展開になっているようである。三木谷会長とニーリー教授との確認は①急速にやる　②大胆にやる　③トップダウンでやる　④システム化する、ということであったといわれている。

　英語の社会的特性は現在の日本においては特別に深刻な政治性を帯びている。現在の日本の対米関係は1951年に締結された日米安全保障条約と1960年に発効した日米地位協定によって深い対米従属の関係になっており、いわゆる安保体制と憲法体制

は両立できず、いま両体制の激しいつばぜりあいとなっている。このような状況と英語教育は無関係ではありえない。

　言語学者の鈴木孝夫のように「英語はいまや『英語』ではない」といってもまるで説得力がない。ここで『英語』といっているのは「アメリカの英語」や「イギリスの英語」のことで、つまり、いまや日本で英語といっているのは「イギリスの英語」や「アメリカの英語」ではない別の英語であって特定の民族や国家の言語ではないといっているのである。鈴木孝夫はその英語を「イングリック」と称している。「イングリック」を人によっては「イングラント」「ジャパリッシュ」「国際共通語」「国際補助語」などさまざまの言い方をしているが、要するに英語の変種 (variety) であり、英語の基本的な構造にちがいはない。

　日本の検定英語教科書の英語はアメリカ英語がベースになっている。その事実は中学校の検定英語教科書の指導用テープや生徒用のヒアリングテープを聞くかあるいはそれらのテープの吹き込み者の国籍を全部調べてみるとよい。圧倒的にアメリカ国籍と推測できる。

　中村敬の『英語はどんな言語か──英語の社会的特性』は英語の社会的特性を学問的に解明した類のない研究書である。この著書がいま絶版になっているというのは日本の英語・英語教育研究の不幸である。復刊して少なくとも英語教員免許取得の指定文献として英語教師の必読としなければならない。主観的には英語教育が最善をつくして行われているといわれても、英語の社会的特性を無視しては学校教育・公教育のことばの教育としてのまともな英語教育の展開はたちゆかない状況になっているのである。

［3］ 中村 敬と文化論

文化のエトス
　　──「センスの世界」と「ノンセンスの世界」

　「言語は文化そのものである」というのが中村敬の言語と文化
にかんする根本思想である。文化を学び理解しなければ言語を
学び理解したことにならない。そもそも言語の問題が意味の問
題でもある以上言語が文化そのものであるというのは絶対的な
真理である。

　中村敬は言語の意味の問題をまず「文化意味論」として探求
した。たとえば英語文化の本質をよく表している例としてロン
ドンのハイドパークにあるスピーカーズコーナーでの演説と議
論の話があった。英連邦から移住してきた者が英国政府を批判
する演説をしても聴衆は笑いながら楽しそうに聞いている。そ
れは議論をゲーム（遊び）ととらえる文化があるからである。ゲー
ムにはルールにのっとった虚構性があり、おもしろいという娯
楽性があり、また対抗競技的要素がある。英字新聞では戦争を
よく "game" と表現している。これはことばのコノテーション（潜
在的な多層的意味）であるが、このように議論や戦争をゲーム（遊
び）ととらえる感覚は日本文化にはない。英語のこのような意
味を中村敬は「文化意味論」から英語文化の特質として重視した。

　また中村敬は外国語教育で「多言語主義」「多文化主義」を唱

えた。「多言語主義」「多文化主義」は外国語教育における英語一言語主義を克服する思想であるが、それは「母語の思想」と不可分である。世界には 7 千の言語があるといわれているが、7 千の言語があるということは 7 千の民族があり 7 千の母語で人間がヒトから人間になっており民族のアイデンティティを形成しているということである。「多言語主義」「多文化主義」はそのような民族語を「母語の思想」（人間の原基としての母語を言語の根本に据える思想）として外国語教育・学習の基本原理とする思想である。そのような思想においては外国語教育は「母語の思想」の確認が第一でありコミュニケーションの課題は二次的なものである。

　さらに「多言語主義」「多文化主義」は「比較文化」の思想と結びついている。比較文化の思想は文化相対主義の思想であり、文化には優劣はないという思想である。アイヌ語・アイヌ文化は日本語・日本文化とはその文化価値において優劣はないのである。

　中村敬の文化論でもっとも重視されているのは「文化のエトス（本質）」の問題である。中村敬は英語文化のエトス（本質）には二律背反的な二つの特性があるとしている。一つは「センスの世界」であり、いま一つは「ノンセンスの世界」である。

　「センスの世界」は日常的・合理的な論理の世界であり、経験論の代表者といわれるロック、現代分析哲学の祖といわれるラッセル、宇宙物理学者のホーキングの世界である。「ノンセンスの世界」は反日常的論理・非合理の世界であり、マザーグース、アリス、ビートルズの世界である。

　また中村敬は次のようにもいっている。

　「英語を構成する大きな二つの流れは、シェークスピア、ミルトン、バイブル等々に代表される動かし難い、ほとんど不動と言ってよいほどの文体が一方にあり、もう一方には、絶えずそこから自由になろうとするマザーグース、アリス、ビートルズなどによって代表される文体がある。」

（『ことばと教育』（No.37　1979 年 4 月）

　日本では英国文化の「センスの世界」については関心が高いが、「ノンセンスの世界」については文化としてほとんど受容されていない。中村敬は『イギリスのうた』（1973 年）でイギリスの民謡（フォーク）をとおして英国文化のエトスに迫ることを試みた。『イギリスのうた』は英語文化のエトスの「ノンセンスの世界」を解明した先駆的な著書である。

［4］ 中村 敬と英語教育論

「英語問題」の根本的な解決
──「対抗理論」と『空洞化理論』

　英語の一極集中状況、言語の一元化（英語化）がもたらすさ
まざまの社会的不公正──国際的なコミュニケーションにおけ
る不平等、特定の民族や国家にもたらす特権、社会の特別の階
層にもたらす特権、政治的・経済的・政策的な英語利用、社会
生活における不平等や差別など──の問題を告発し解決するこ
とが緊要の問題になっている。とりわけ国家管理の下におかれ
ている学校教育・公教育の外国語教育における英語一辺倒・英
語主義は道具主義・技能主義・コミュニケーション主義、同化
主義と一体となって展開されており、重大で深刻な問題である
が、未だに理論的にも思想的にも実践的にも問題の解決の見通
しはたっていない。学校教育・公教育を規制する学習指導要領
はグローバル化は英語化であるという風潮に乗じて問答無用に
英語主義で暴走している。
　このような「英語問題」の解決に真正面から取り組んで中村
敬が「対抗理論」と「空洞化理論」を提起したのは20年前であっ
た。この理論は歴史的な経過のなかで付与され付着した英語の
侵略性や差別性、商品性といった英語に固有の社会的特性を剥
ぎ取って英語本来の民族語としての言語の機能を回復するため

の理論であるが、この理論を外国語教育に適用すれば、「対抗理論」は①外国語教育において外国語の種類を多様化するすること、②英語という言語の外国語としての特殊性（英語の社会的特性）を認識することの２点が必須の教育内容である。「空洞化理論」は「批判的教育」として批判力・批評精神を育成することが教育内容である。実践的にはこのような「対抗理論」と「空洞化理論」は一体的にすすめられることになるであろう。

　「対抗理論」の①の外国語教育における外国語の種類の多様化は理論的・思想的にはほとんど異論を挟む人はいないと思われるが、実践の面で実現の可能性について確信をもてない人が多い。しかし、これは実現可能である。学校の制度やカリキュラムの組み方、指導者の体制、普通教育や専門教育、必修科目や選択科目、クラブ活動など、さまざまの対応の仕方がある。その前提として学習導要領などによる学校や現場教師にたいする国家的な統制・管理を排除して学校の地域性や自主性を尊重することが条件である。

　「対抗理論」の②の英語の侵略性や差別性を剥ぎ取る活動は「英語の社会的特性」を認識して対応することが必須の条件である。外国語教育といっても、ロシア語と英語とは社会的特性がちがうからただ単に両者をコミュニケーションの手段・道具として扱うのは学校教育・公教育・教科教育としての言語教育としては無謀である。歴史的に付着した侵略性や差別性のために日本においては英語という言語はロシア語にはみられない特質があり、扱いが大変やっかいな言語なのである。そのような英語の特質、「社会的特性」を無視して英語教育を行うことはまともな言語教育とはいえない。もともと学校教育・教科教育の本質は

知識や技能の習得を目的とするものではなく認識力や思考力の養成、思想形成が目的なのでる。

「空洞化理論」の「批判的教育」、批判力・批評精神の育成では教材・教科書の題材内容の問題が決定的に重要であるが、批判力・批評精神のある人間にとっては個人のレベルでは英語の侵略性も差別性も機能しないのである。社会的に組み込まれた無意識的な英語使用において英語の侵略性や差別性が機能するのである。英語の侵略性や差別性を剥ぎ取る英語の社会的特性の認識や批判力・批評精神の養成が英語教育の不可欠の要件である。日本国民は 1945 年の敗戦の時に「だまされた」と悔やんだが、英語の通用性の高さに「だまされた」ではすまないのである。

中村敬が提起した「対抗理論」と「空洞化理論」は言語の一元化（英語化）の問題を克服するための理論として提起された理論であるが、その理論には言語と教育の本質的な問題が含まれている。「対抗理論」は言語の多様性の問題であり、個別言語の特殊性の問題である。言語の多様性や個別言語の特殊性を学ぶことは外国語教育の基本である。また、「空洞化理論」は言語の記号性の問題である。そもそも言語は記号であるから言語が無条件にいつでも真実を表すということはない。言語や言語表現が真実を表しているか否かはことばの受け手が主体的に判断する以外にない。事実判断、論理判断、価値判断を瞬時に行うのは人間の特質であり、器械にはできないことである。そのような判断が批判・批評であり、言語能力の基本である。中村敬が主張する「空洞化理論」の「批判的教育」、批判力・批評精神の育成は言語能力の基本原理なのである。

［5］中村 敬と英語教科書（1）

戦後英語教科書改革の分水嶺
——初版『ニュークラウン』の著作

　1974（昭和49）年の暮れの11月にぼくが勤めていた三省堂が企業倒産するという事件がおきた。そのころ三省堂は『トータル』という書名の中学校英語教科書を発行していた。『トータル』は昭和47年4月にそれまで発行していた『ジュニアクラウン』を廃刊にしてそのシェアを引き継ぎ著者を一新して発行した教科書であった。

　企業倒産の混乱とドサクサのなかでこの『トータル』という教科書が他社の発行に移されるという事件が発生した。ぼくはその時中学校英語教科書の現場の責任者であったから事件の処理に奔走したが、教科書の移出を食い止めることはできなかった。三省堂から中学校の英語教科書が消滅したのである。教科書の広域採択制度のもとで新刊の中学校英語教科書を発行することは困難をきわめたが、社内の激論を経て新刊教科書の発行が決定された。教科書の新刊発行にあたってはまず著者代表・編集主幹を決めなければならない。編集部で著者代表・編集主幹の候補を自由に出し合ったが、ぼくはすぐ中村敬という人物が頭に浮かんだ。英語教育関係の雑誌で中村敬の「英作文演習室」の連載や文化意味論の記事などを読んでいてその能力を直

感的に感取していたのである。

　昭和 49 年の年末に鶴見大学の中村敬の研究室を訪ねて新刊の中学校英語教科書の著者代表・編集主幹としての参加を要請した。それがぼくと中村敬との出会いである。

　初版『ニュークラウン』の編集は昭和 50 年の初頭から本格的に始まったが、この教科書は昭和 51 年検定出願、52 年教科書採択、53 年使用開始の教科書である。編集会議では日本の子どもにとっての英語教育はどうあるべきか、道具主義・技能主義の英語教育をどう克服するか、題材論や教材の提示の仕方など、理念や基本方針について延々と議論がつづけられた。

　中村敬が『ニュークラウン』の著者代表・編集主幹をつとめたのは昭和 53 年度版から平成 2 年版までの 15 年間であるが、その間の本文テキストの執筆は中村敬が中心でブリティッシュ・カウンシルの K. P. ドビン氏が協力した。

　初版『ニュークラウン』の採択のために教科書をアピールするための『ことばと教育』臨時増刊号（昭和 52 年）で中村敬は「英語教科書に思想性を——五つの基本的な認識について——」というタイトルで次のように書ている。

　　　「英語教育に関する我々の基本的かつ共通の認識は、それが運用能力の獲得ということもさることながら、何はともあれ、『人間教育の一環』でなければならぬという認識である。人間教育の一環だという認識に立つと、教科書というものは、まず第一に学習者の『知的好奇心』を刺激するものでなければならないということである。そのためには、『日本人が日本人のために考えた』教科書でなければならぬということである。もとより偏狭なナショナリズム

は我々のとるところではない。そうではなくて、真に国際社会の一員となるためには、自律的な日本人になることが何はともあれ必要であると考えるのである。

　我々は以上のような基本的な認識に立ち、中学校の英語教育のかかえるさまざまな問題を考慮しつつ、『ニュークラウン』の作成にあたって次の5点を基本的な柱とした。

（1）比較文化的な視点に立つもの

（2）英語文化の本質に触れるもの

（3）題材が学習者にとってリアリティーがあるもの

（4）言語活動が meaningful になるもの

（5）日本語と外国語は一対一で対応しないものであるということを認識できるもの」

　まだ伝統的な英米一辺倒を脱しきれない時代背景を考えれば、この基本方針はほとんど革命的であった。この基本方針には中村敬の理論と思想が色濃く反映している。この時この教科書は社内ではまったく不評で、「一年生の教科書にアリスとは何だ。こんな教科書は売れるはずがないから、今からでも遅くない、発行をやめたほうがいい。」という意見も出る雰囲気だった。ルイス・キャロルの『不思議の国のアリス』のアリスである。ところが採択の結果は50万部を超える大成功だった。実際に現場で使われるとアリスの教材は子どもや先生に大好評だった。

　この教科書には「新幹線は速いけど」という新幹線公害の話や「おばあちゃんは大学生」という生涯学習の話もあったが、ビートルズの教材もあり、採択のために教科書が展示されると新聞やテレビのニュースで取り上げられた。ぼくにもNHKからの取材があってテレビニュースで報道された。後にも先にもぼく

がテレビに出たのはこのときが最初で最後である。

　初版『ニュークラウン』が「多言語主義」「多文化主義」を基調とする①人間教育、②比較文化、③脱英米の教科書として戦後の英語教科書の流れを変える分水嶺となったことは歴史的事実である。

初版『ニュークラウン』の目次

＜第1学年＞

Lesson 1 英語の文字

Lesson 2 英語の単語

Lesson 3 これは帽子です

Lesson 4 犬なのかな

Lesson 5 ジョンとジュリー

Lesson 6 私はアリス

Lesson 7 カナダからきた友達

Lesson 8 私のペンフレンド

Lesson 9 たて笛とギター

Lesson 10 私のレコードライブラリー

Lesson 11 音楽好きの一家

Lesson 12 イエスタデーが好き

Lesson 13 イギリスの友達

Lesson 14 お母さんも働いている

Lesson 15 外国の友達

Lesson 16 サウンド・オブ・ミュージック

Lesson 17 わが家でダンス

Lesson 18 お父さんは料理が好き

Lesson 19 ボンジュール

Lesson 20 おばあさんは大学生

Lesson 21 ピクニック

Lesson 22 夢

Lesson 23 オーストラリアは今が夏

Lesson 24 新幹線は速いけど

＜第2学年＞

Lesson 1 日曜日

Lesson 2 ラジオとテレビと新聞と

Lesson 3 ある日学校で

Lesson 4 不思議の国のアリス

Lesson 5 おや、自身だ！

Lesson 6 堀先生が結婚する

Lesson 7 お茶とさしみ

Lesson 8 窓を開けないで

Lesson 9 あなたも泳げます

Lesson 10 君は何になりたい

Lesson 11 モニカへの便り

Lesson 12 ケニア

Lesson 13 国際連合

Lesson 14 フランクリンの漫画

Lesson 15 カーペンター氏のとまどい

＜第3学年＞

Lesson 1 東南アジアへの旅

Lesson 2 沈黙は金か

Lesson 3 辞書を引いてみよう

Lesson 4 (物語) 愛の贈り物

Lesson 5 コミュニケーション

Lesson 6 智恵子のロンドン日記

Lesson 7 身振りは語る

Lesson 8 水の数え方

Lesson 9 (小話) 毒のつぼ

Lesson 10 オーストラリア

Lesson 11 ビートルズ

Lesson 12 国際語

［6］ 中村 敬と英語教科書（2）

英語教科書テキスト・ライターの双璧
—— W.L. クラークと中村 敬

　社内で中学校の英語教科書の著者編成が問題になった時に中学校レベルの英語だから英語の専門家であればだれでも書けるだろうという人がいた。とんでもない認識不足である。英語がいくらできても、生まれながら英語で生活をしている人であっても英語教科書の教材として使い物になる英語の文章を書くには特別の能力がないと書けない。

　特別の能力とは、一定の語数の範囲内で論理的かつリズミカルな文章を書けるだけでなく、その課で習得すべき文法項目を使い、しかもそれとは意識しないで読める文章を書ける能力のことである。世の中には達意の英語を書ける人はいる。しかし、以上の二つの条件を満たすライターはほとんどいない。

［W. L クラークの文章］（3 年 Lesson 5 Buying the Plane Tickets の冒頭の文）

Mr. and Mrs. Brown wanted to go downtown. Mr. Brown asked
Tom and Susie to watch the house by themselves.

"Why are you going downtown?"

"Because we're going to buy the plane tickets," said Mr. Brown.

"May I go, too?" asked Tom.

"Someone must watch the house," said Mr. Brown.

"We can watch it by ourselves," said Susie.

"No. I want to go, too. Susie can watch the house by herself,"
　said Tom.

"Can you watch the house by yourself, Susie?" asked Mrs. Brown.

"Yes, I can watch it by myself," said Susie. "But please come home
before it gets dark.

［中村敬の文章］（第3巻　Unit 9 Lesson 1 Kindertransport の冒頭の文）

In any war soldiers fight and kill their enemy. They are also ready
to be wounded and even killed. War, however, involves ordinary
citizens and children as well.

It happened just before World War II. About 9,000 to 10,000
children, some 7,500 of them Jewish, were sent by train to Britain
from Berlin, Vienna, Prague, and other major cities in Central Europe
where Jews were being mistreated by the Nazis.

　W. L. クラークの文章は、ターゲットの文法項目（ここでは by
themselves, by ourselves, by yourself, by herself, by myself）の絶妙な
配置が文章全体の自然さを損なっていない点、筆力はまさに名
人の域である。中村敬の文章は「英語の文体感覚は対話文では
なく平叙文を通して身につく」とする持論の実践である。中村
敬の教科書の本文テキストはほとんどすべて平叙文である。そ
れは暗誦や朗読にも適する。また会話のダイアローグ中心のテ
キスト（対話文）は文章を書く感覚、文体感覚を習得する教材
としては不適切である。

　英語の教科書をつくる時の最大の問題は教科書の本文テキストを書ける人がいるかということである。本文テキストの価値によって教科書そのものの価値が決まる。本文テキストの執筆の見通しがたてば練習問題のようなそれ以外の要素はどうにでもなるのである。

　英語教科書の本文テキストのライターとして W. L. クラークと中村敬は日本の英語教育・教科書史のなかで特筆されるべき双璧であるというのがぼくの認識である。W. L. クラークの作品はThe Junior Crown English Course の本文テキストである。この教科書には Author W. L. Clark と記されており、教科書の本文テキストが W. L. クラークの著作であることが明記されている。中村敬の作品は『「英語教育神話」の解体―今なぜこの教科書か』に収録されている教科書の本文テキストである。どちらも中学校用の教科書であるが、The Junior Crown English Course は 1962（昭和 37）年 4 月から 1972（昭和 47 年）3 月までの 10 年間使用された検定教科書であり、中村敬の教科書は非検定教科書である。中村敬はこの教科書の本文テキストをほぼ 1 年で書き上げた。検定教科書であっても非検定教科書であっても、教科書の本質に変わりはない。

　この二つの教科書に共通している特徴は文章がすぐれているということである。教科書全巻が統一的な文体で書かれるのが理想である。前者は W. L. クラークの、後者は中村敬の単独執筆のテキストである。中学校用の英語教科書で全 3 巻単独の執筆で書かれた教科書は他にないのではないだろうか。W. L. クラークの文章と中村敬の文章は、言語材料の制約というきびしい条件のもとで書かれる英語教科書のテキストの文章として逸品で

ある。この二つの教科書は中学校英語教科書史のなかで特記されるべき教科書である。

　今日の外国語学習指導要領に基づく検定英語教科書は文章の本質についてほとんど無関心・無頓着である。英語で会話をすることと文章を書くこととの本質的なちがいにたいする認識が欠落している。教科書全3巻を一貫した統一的な文体で書くことなどは問題意識のかけらもない。外国語学習指導要領はコミュニケーション能力の習得を目標としているが、その思想はいわばコミュニケーション主義（通じることが至上の目的）である。英語をコミュニケーションの手段・道具と考える道具主義・技能主義であり、母語獲得原理を無原則的に外国語習得に適用する同化主義であるが、コミュニケーション主義によってことばの学びが空洞化している。「読み・書き・話す・聞く」の4技能を一体的・総合的に育成することが唱導されているが、教科書は英会話のダイアログ中心のテキストになっている。

　この二つの教科書の題材内容はまったくちがう。それはW. L. クラークと中村敬の思想のちがい、教育観・教科書観のちがいであり、また、時代状況のちがいや検定教科書と非検定教科書のちがいもあるであろう。

　W. L. クラークの教科書はアメリカ東部のニューヨーク州にあるグリーンフィールドという小さな町のブラウン一家の日常生活を語る内容でトムという男の子とスージーという女の子が主人公である。アメリカ人の生活中心の話の展開であるが、トムとスージーやブラウン一家の生活の描写にはほほえましい日常生活の描写もあり一つのストーリーに仕上がっている。

　中村敬の教科書は、世界と日本というグローバルな視野・視

点から社会や歴史、人間や文化を語る内容である。社会や歴史から切り離して人間や文化を考えることはできないというのが中村敬の思想である。中村敬は「英語教科書に思想性を」と主張し、批判力・批評精神を言語能力の基本的な能力であると考え、批判・批評にたえる内容の教科書の作成をめざしたのである。中村敬のこの教科書はその思想の実践の書である。

おわりに

継承すべき歴史的価値：岡倉 由三郎と中村 敬

　何事であれ物事の発展は歴史的価値としての理論や思想、文化を継承・発展させることなしには不可能である。ぼくはこれまで英語教育で継承・発展させるべき価値ある理論・思想を求めて英語教育史の中を探索してきた。英語教育史のなかで継承・発展させるべき価値ある理論・思想は岡倉由三郎と中村敬の理論と思想であるというのが今のぼくの結論である。この二人以外にも価値ある理論や思想はあるであろうが、ぼくの手元にある史料・文献の中からそのような価値のある理論や思想を発見することはできなかった。

　岡倉由三郎は『英語教育』（博文館　明治44年）のなかで「教授法の過重視を難ず」として次のように書いている。

　　　「東洋も西洋も共に古の教育主義は国とか家とかいう団体を標準として定めたもので、個人は単にこの団体のために存在するに過ぎぬ者であったから、団体の要求するがごとくに教育するが当然と思われておった。したがって、個人の一々の心的状態には更に頓着せず、国家の要求するところを、無理無鉄砲に学修せしめ、それを学ばせ終れば教育はその任を果したものと考えられたのであった。であるから、如何に学習者の間に、多数の落伍者ができようが、

　一向顧みないので、心身の力のやや薄弱なる子弟を犠牲と
しても、国家が要求する標準をば改めずに、世人をして之
に応じさせるのが、教育の眼目であった。換言すれば、学
ばせる物が教育の主題であって、学ぶ人その者にはほとん
ど何等の注意も払わなかった。……今では国家は個人の集
合体で、個人は即ち国家を形成する基礎であると見て、個
人性の発達を甚だ重要視するにいたった。……教育主義の
変遷に伴い、教授の方法も全く一変した。」(原文は旧仮名
遣い、旧漢字)

　岡倉由三郎は英語教育を人間形成の教育、人間教育と考えて
いた。岡倉由三郎の著書には今日重大かつ深刻な問題になって
いる英語一極集中の英語問題についてはまったく言及がない
が、それは歴史的制約・限界であって、岡倉由三郎の理論や思
想の価値を低下させるものではない。今日の外国語学習指導要
領を中心とする英語主義、道具主義・技能主義・コミュニケーショ
ン主義、同化主義の国策英語教育の暴走のなかで岡倉由三郎の
人間教育としての英語教育の理論と思想は再検証されるべきも
のである。

　なお、中村敬は英語教育における英語問題の解決の方法とし
て「対抗理論」と「空洞化理論」を提唱し、その方策の一つと
して選択する外国語の種類の多様化を主張してそのなかにエス
ペラント語も含まれるとしているが、岡倉由三郎の『英語教育』
のなかには次のような内容の記述もある。

　　「小学校に英語科を置くことは無益である。」
　　「小学校では英語よりもエスペラントを教えるのがよい。」
　　「エスペラントは思想の表し方が欧州近世語に著しく似

通っている上に、その発音を示す文字の使い方も一字一音
主義であるから、その学習ははなはだ容易であるし、文法
も極めて簡単で、かつ全く規則的である。」
「エスペラントの中には欧州近世語の分子を沢山含んでお
るから、後日英語などの外国語を学ぶときに大いに補助と
なる。」
「小学校ではエスペラントを採用するのが最良の方法であ
る。」
　中村敬の英語・英語教育に関する理論と思想の骨格について
は不十分ながら本冊子に書いておいた。ぜひ中村敬の著書を再
読して検証してほしい。
　中村敬の理論と思想の形成過程と実践活動については、イン
タビューの時間をつくっていただき語っていただいた。その内
容は英語教育の本質を語る内容になっている。
　中村敬を尊崇する人々、教え子や研究者、また白馬村の人々
にも直接お会いして取材をすることも考えていたがぼくの体力
の制約からできなかった。
　中村敬に本冊子の企画を報告したとき、中村敬は「ぼくの仕
事はまだ終わっていないよ」という反応だった。たしかに中村
敬の仕事に終わりはないが、中村敬の英語・英語教育に関する
理論・思想・実践は継承・発展させるべき学問的価値・教育的
価値、歴史的価値として早く記録しておいたほうがいい、とい
うのがぼくの思いだった。
　末筆になったが、「中村敬教授を語る―生き方を示した教師
像」の全文転載を快く了承してくれた吉田正治氏に感謝を申し
上げたい。ちなみに、氏は大学時代のぼくのクラスメートである。

著書解題

1. 『**イギリスのうた**』（研究社　1973 年）

　　英語の民謡（フォーク）をとおして英語文化のエトスとしての「ノンセンスの世界」を解明した先駆的な著書である。

2. 『**私説英語教育論**』（研究社　1980 年）

　　昭和 20 〜 50 年代の英語教育の主要な課題を取り上げてあるが、特に昭和 50 年代の課題にたいする理論・思想は、当時の中学校の英語教科書が『ジャック・アンド・ベティ』に代表されるようなアングロ・サクソン文化中心・英米一辺倒がまだ主流であった時代背景を考えれば、ほとんど革命的な理論・思想である。その理論・思想は初版『ニュークラウン』（三省堂　昭和 53 年）で実践された。この教科書は「多言語主義」「多文化主義」を基調とする①人間教育　②比較文化　③脱英米の教科書として戦後の英語教科書改革の画期となったのであるが、中村敬はこの教科書の著者代表・編集主幹の一人として中心的な役割をにない、教科書の内容にも本書で語られている中村敬の理論・思想が色濃く反映されていた。

3. 『**英語はどんな言語か——英語の社会的特性**』（三省堂　1989 年）

　　英語の社会的特性を本格的に解明した類のない研究・学術書である。

4. 『**幻の英語教材——英語教科書、その政治性と題材論**』（三元社　2004 年）

　　1988 年のいわゆる「ファースト事件」（政治的な圧力によって教科書の教材を差し替えさせた事件）を総括した著書である。英語教育・教科書の政治性と思想性の問題が検証されている。また本書には高校英語教科書『ファーストⅠ』『ファーストⅡ』の全テキストが収録されている。

5. 『なぜ「英語」が問題なのか——英語の政治・社会論』（三元社 2004 年）

　　英語一極集中、言語の一元化（英語化）がもたらす社会的不公正といういわゆる「英語問題」の告発とその問題を解決するための理論と方策を提起した著書である。「英語問題」を告発した著書は他にもあるが、問題を解決するための理論的・思想的・実践的な本格的な方策を提起した著書は本書をもって嚆矢とし、また他にない。

6. 『「英語教育神話」の解体——今なぜこの教科書か』（三元社　2014 年）

　　中村敬の英語・英語教育にかんする理論・思想の実践として中学校の非検定教科書全 3 巻を単独で書き下ろした教科書を収録してある。戦後の英語教科書で全 3 巻単独執筆の教科書はこの教科書と W. L. クラークの検定教科書『ジューニアクラウン』（昭和 37 年、三省堂）の二つだけである。

中村敬（なかむら・けい）略歴

1932 年　愛知県生まれ。
1955 年　南山大学英語学英文学科卒業。
1955 年　南山中学校・高等学校教諭。
1966 年　市邨学園短期大学助教授。
1966 年〜1967 年
　　　　ロンドン大学教育学部（Institute of Education）に英国政府
　　　　奨学生（British Council Scholar）として留学。
1968 年　鶴見大学文学部英文学科助教授。
1976 年　成城大学文芸学部助教授。
1980 年〜1981 年
　　　　（海外研修として）ウェールズでの言語問題の調査に従事。
1983 年　成城大学文芸学部教授。
2003 年　成城大学定年退職。成城大学名誉教授。

資料1

英語学習指導ガイドライン私案

峯村　勝

はじめに

　大日本帝国憲法（1889年発布）が発布される以前に自由民権運動が展開される社会の状況のなかで千葉卓三郎が起草した「五日市憲法」のような「私擬憲法」と呼ばれている憲法私案が民間の個人や団体によって100種あまり起草された。「英語学習指導ガイドライン」も多くの私案が起案されることが望まれる。

　この「英語学習指導ガイドライン」は中村敬の英語・英語教育に関する理論と思想にもとづいて作成されたものであるが、次の3点を学校教育の基本とする。

　1）国民の教育権にもとづく。子どもにたいする教育権は国民にあり、教育にたいする政治権力（国家権力、行政権力）による管理や統制は認められない。

　2）子どもの学習権を保障する。子どもの主体的、自律的な学びを保障する。

　3）教育課程は自主編成を原理とする。教育課程の自主編成は教師による教育・指導の基本原理である。教育・指導は一人一人の教師の教育的判断（教育内容や教育課程にかんする主体的判断）に委ねられるのが原理である。

I．英語教育の性格規定

　1）学校教育としての英語教育

　　①学校教育は人間教育であり、人間形成が教育目的である。

②学校教育の中心は教科教育である。

③英語教育も教科教育の一環であり、他の教科——国語、数学、理科、社会——と同質の「認識力・思考力の養成、思想形成」の教育である。

2）言語教育としての英語教育

①英語教育の本質は言語教育である。

②言語教育の目標は言語能力の養成である。

③言語教育の課題は「言語観の形成」「思考力の養成」「言語技術・技能の習得」である。

3）外国語教育としての英語教育

①「外国語教育」は「民族語教育」である。「外国語教育」は「国際共通語」（リンガフランカ）としての英語教育ではない。

②外国語教育では言語の普遍性（言語の本質）を学ぶ。

③外国語教育は異言語・異文化（異民族文化）教育であり、個別言語（英語やロシア語、中国語など）の特殊性（それぞれの言語の民族性や社会性、文化性）を学ぶ。

Ⅱ．学習の内容

1）人間観の形成

　　人間観の形成として次の内容を学ぶ。

①人間の主体性・社会性、民族性・多様性を考える。

②人間を生活や社会、歴史や文化との関連でとらえる。

③人間を平和、民主主義、人権などの歴史的に形成された思想と結びつけて考える。

2）言語観の形成

　　言語観の形成として次の内容を学ぶ。

①言語の普遍性としての言語の本質（ことばの思想性、社会性、文化性）

②言語の特殊性としての言語の民族性、社会性

③言語の多様性──視覚言語（文字言語、手話）、聴覚言語（音声言語）、触覚言語（点字、指点字（注））

（注）指点字は全盲ろうの福島智（ふくしまさとし）東京大学教授が用いている言語である。

3）文化観の形成

　　文化観の形成として次の内容を学ぶ。

①民族と文化の関係、人間の民族性（人間の民族的アイデンティティ）

②言語と民族の関係、「母語の思想」

③文化のエトス、比較文化の思想

Ⅲ. 学習の方法

1）文字言語を基本とする

　　文字言語を基本とする。音声言語によって言語の構造を認識し分析することは不可能である。文字言語（数学や物理、化学の記号を含む）によらなければ「科学的概念」を得ることはできない。音声学も音声記号という文字によらなければ音声を科学的に分析できない。パーマーの *A Grammar of Spoken English* という著書も例文はすべて音声記号で表記されている。Spoken English という音声言語（話しことば）の研究であっても音声そのものを直接分析の対象にすることはできないからである。

2）言語の特質を踏まえる

①言語は記号であり、言語の意味の実体はイメージである。

②言語は対象（事物・事象）を認識するためのものであり、事実認識が基本である。

③言語は思考活動、思想形成と不可分である。

④言語活動は言語主体としての一人一人の人間個人の活動である。

⑤言語はコミュニケーション（伝達、交流、結合）の手段・道具である。

3）言語獲得と言語習得を区別する

　　幼児が母語を話すことができるようになることを「言語獲得」といい、子どもや成人が外国語の使用能力を身につけることを「言語習得」ということがある。幼児の母語獲得は言語技術・言語技能によって言語を獲得するのではなく、母語は言語生活・言語体験によって獲得される。

　　子どもや成人の外国語の習得は言語技術・言語技能の学習によって行われる。外国語の習得では、まず文字や音声、単語や文法を言語知識として学習し、その知識の活用の仕方としての言語技術を学習し、さらにその言語技術にもとづいて言語知識を実際の言語活動で活用する言語技能を学習する。外国語の習得においては会話の技能の習得には言語生活・言語体験が必要条件であり、会話はもっとも習得が困難な言語技能である。

　　言語知識や言語技術・言語技能の取り立てての学習が無用であり、言語生活・言語体験によって自然に言語を獲得する幼児の母語獲得の原理を言語知識や言語技術・言語技能の学習を原理とする外国語の習得に適用することはできない。

　　「取り立てての学習が無用」というのは辞書で調べたり文法書を読んだり、発音の仕方などを取り立てて学習することが無用ということである。幼児の言語獲得はただただ母親などと言葉のやりとりをするだけで完結する。

Ⅳ．学習の展開

　1）学習活動

　　■言語材料——言語知識の学習

　　①文字——アルファベット

　　②音声——母音、子音、半母音（[w] [j]）

　　③文字と音声——ローマ字、フォニックス

　　④語彙——名詞、動詞、形容詞，副詞、代名詞、限定詞、助動詞、
　　　　　　前置詞、接続詞、関係詞、疑問詞、間投詞

　　⑤文法——品詞（特に名詞、動詞、形容詞、副詞）、名詞の複数形、
　　　　　　名詞の目的格、動詞の原形、時制、進行形、完了形、
　　　　　　受身形、仮定法、不定詞、分詞、動名詞、比較級、最
　　　　　　上級

　　⑥文型——5文型

　　⑦文構造——・基本構造（主語＋述語）
　　　　　　　　・修飾構造（特に後置修飾）
　　　　　　　　・接続構造（接続詞）

　　■言語活動——言語技術・言語技能の学習

　　①音読——単語の発音、アクセント、文のイントネーション、リ
　　　　　　ズム、ポーズ、センテンス・ストレス（文強勢）

　　②読解——解釈（「直読直解」）と批評（「Critical Reading」（注））

　　③ディクテーション——基本文の筆写、書き取り

　　④作文——「まね書き」（「Imitative Writing」（注））

　　⑤聴解——本文テキストのリスニング

　　⑥会話——基本的な会話表現の知識

　　（注）Critical Reading と Imitative Writing については『『英語教
　　　　育神話」の解体』——今なぜこの教科書か』（三元社）に収録
　　　　してある教科書を参照。）

■言語表現の学習

①言語表現の学習の基本は文章の学習である。

②教材・教科書の本文テキストの文章を文章のモデルにする。

③音読によって文章感覚・文体感覚を感得する。

2）教材、教科書

①本文テキストはすべて叙述文にする。

②音読にたえる文章、読解にたえる文章、作文のモデルになる文章を提示する。

③学習の内容（人間観、言語観、文化観）を題材として教材化する。

3）学び方

①学習活動と言語活動

　　学習活動は言語材料や言語活動、言語表現について学習する活動であり、言語知識や言語技術・言語技能の学習である。

　　言語活動は広義ではスイスの言語学者ソシュールの用語である「ランガージュ」を小林英夫が「言語活動」と訳したように言語による人間の活動の総体を表すが、狭義では言語活動の4技能（読み、書き、聞く、話すの活動）を表すことがある。

　　4技能を表す言語活動は学習活動の一部分であり、学習の基本は学習活動である。学習活動で4技能の言語活動を特化すれば学習活動を矮小化することになる。

②日本語の活用

　　英語の学習において日本語を活用することは必要悪ではなく、本質的な必要条件である。

　　日本人にとって母語である日本語は英語を話す時であっても内言語（思考の言語）として脳髄のなかで機能していて消えることはない。日本人が英語を話すということは内言語の日本語で内容を考えてその内容を英語で表現していると考えるのが合理的である。日本人が英語を話すということは脳髄のなかでは

日本語と英語のバイリンガルなのである。日本人が外国語として英語を話すときは英語で考える（内言語も英語に切り替わる）というのは根拠がない。

　外言語（コミュニケーションの言語）の場合でも語句や文法、イディオムや言い回しの意味や使い方の学習に日本語を活用することは有効であるだけでなく、日本語の活用なしには学習がなりたたない。

　正確で適切な日本語の訳語や解説は英語の語句や文法、イディオムや言い回しの意味や使い方を理解するために不可欠である。

　英語の文章の解釈における日本語の活用は限定的である。英文解釈における日本語の活用は文章を構成している語句や文法、イディオムや言い回しの学習に限定される。英語の文や文章の発想・論理・構造は日本語の発想・論理・構造と根本的に異なるから、英語の文章を解釈する場合は英語の発想・論理・構造そのまま（「直読直解」）で解釈しなければならない。そのためには直読直解で解釈する訓練が必要である。

　日本語の翻訳は日本語の発想・論理・構造による日本語の表現であるから、英語の文章を英語の論理で解釈する学習には活用できない。

　作文の学習の基本は「まね書き」（「Imitative Writing」）であるが、作文の表現内容を日本語で指示してよい。これは従来の和文英訳ではない。

（英語のモデル文）

　Reading the report will certainly shock you.

（作文の表現内容）

　きょうの新聞を読んだらきっとショックを受けるよ。

③エスペラント語（注）の活用

　英語という言語は文法や文構造を理解することが困難な言語である。それはエスペラント語の文法と対比すればだれでも強烈に感じることである。

（注）エスペラント語という言語はポーランドの眼科医であったザメンホフがヨーロッパの諸言語をベースにして計画的につくった「計画言語」であるが、ザメンホフはエスペラント語の発表（1887年）の時に著作権を放棄してその使用をすべての民族に委ね、すべての民族語の尊重を前提として国際的なコミュニケーションで補助的に使用する国際語として活用することを願った。「国際語」はすべての民族語から等距離にある中立の言語でなければならないが、エスペラント語はその条件を満たしている。今日エスペラント語の使用者は100万人を超え、有力な国際語になっている。エスペラント語は何百万人という理想主義者が130年かけてつくり上げた言語である。

　　ロシアの文豪トルストイは「2時間たらずでエスペラント語を理解できるようになった」といっていたといわれているが、日本の英語教師は英語の文法の知識があるから三日間でエスペラント語の文法の骨格を理解することができる。

　英語の文法や文構造を理解する時にエスペラント語の文法と対比することは有益である。

　英語の文法の基本的な内容は①品詞　②名詞の複数形　③主語＋動詞＋目的語　④動詞の時制である。英語の文法の体系のなかだけでそれらを理解することは容易ではない。

■品詞

　品詞は単語に固有の機能であるが、重要な品詞は名詞、動詞、形容詞、副詞である。英語の文法ではそれらの品詞は単独の単語を見ても判別できない。文のなかで判別するものと思われている。エスペラント語では単独の単語を見ただけですぐ品詞を判別できる。名詞は arbo（tree）, akbo（water）, libro（book）のようにすべて語尾が -o であり、動詞原形は ami（love）, havi（have）, trinki（drink）のようにすべて語尾が -i であり、形容詞は alta（high）, granda（large）, bela（beautiful）のようにすべて語尾が -a であり、副詞は rapide（rapidly,fast）, lerte（well）, libere（freely）のようにすべて語尾が -e である。一つも例外はない。

■名詞の複数形

　エスペラント語の名詞の複数形は arboj, libroj のようにすべて語尾が -j である。一つも例外はない。

　日本語の文法形式には複数形がないが、英語は複数形の知識なしには表現ができない言語であることを認識することが重要である。英語の学習では英語の複雑な複数形の文法形式の学習に追われて英語という言語は複数形の知識なしにはものを言うことができないという複数形の本質的な学習が徹底しない。

■＜主語＋動詞＋目的語＞

　＜主語＋動詞＋目的語＞は英語の文構造の骨格であるが、特に目的語（目的格）を判別することが決め手である。目的語（目的格）は英語の文法では動詞のもつ文型機能と考えられており、動詞の知識がなければ目的語を判別できないが、エスペラント語では Mi legas librojn.（私は本を読みます。）のように目的語（目的格）はすべて語尾が -n であるからすぐ判別できる。

■時制

　エスペラント語の時制は現在形はすべて動詞の語尾が -as であり、過去形はすべて -is であり、未来形はすべて -os である。

　　　Mi legas librojn. （私は本を読みます。）

　　　Mi legis librojn. （私は本を読みました。）

　　　Mi legos librojn. （私は本を読むでしょう。）

　英語には未来形という文法形式はなく、英語の時制は現在形と過去形の二つである。英語では現在の時点からの未来のことはすべて現在形で表す。will, shall も現在形である。英語では未来のことは文法形式ではなく、will, shall という助動詞の意味で表すことが多い。

　エスペラント語の文法の知識を活用して英語の文法を理解することが子どもの文法理解を助けることになる。

　今から 100 年以上前にこのように英語学習にエスペラント語を活用することの意義を主張したのは岡倉由三郎である。（『英語教育』博文館　1911 年）

資料2

成城大学英語教育研究会　120回の歩み
吉岡順子

	年　月　日	内容　講師、レポーター
第1回	**1987年** 1月31日（土）	「私の授業実践　教科通信 TRY を中心にして」 レポーター：関根　順子（世田谷区立山崎中学校）
第2回	3月7日（土）	「私の授業実践　授業の工夫のエッセンス―6回の研究授業を通して」 レポーター：三堀　秀美氏（横浜市立中尾台中学校）
第3回	4月25日（土）	「2年間の授業を振り返って―高校文法の疑問点を考える」 レポーター：林　久美子氏（神奈川県立城山高校）
第4回	6月6日（土）	講演「編集者から見た日本の英語教育」 講師：峯村　勝氏（三省堂　英語教科書出版部　次長）
第5回	7月11日（土）	「私の授業実践―日頃疑問に感じていること」 レポーター：小林　朗氏（栃木県立栃木商業高校）
第6回	8月29日（土）	読書会　林竹二著『授業の成立』（筑摩書房）第一部 レポーター：宮本　健二氏（神奈川県立上溝高校）
第7回	11月21日（土）	読書会　林竹二著『授業の成立』（筑摩書房）第二部 レポーター：吉岡　順子（世田谷区立山崎中学校）
第8回	**1988年** 1月30日（土）	教科書分析 第一回　*New Everyday English 1,2,3*（中教出版） レポーター：渡辺　美和氏（成城大学英文科4年生）
第9回	4月2日（土）	教科書分析 第二回　*One World 1,2,3*（教育出版） レポーター：樋口　芳伸氏（八王子市立第二中学校）
第10回	5月28日（土）	講演「フィリピンの言語問題―人を喰らう英語」 講師：井伊　奠氏（鹿児島短期大学）
第11回	7月30日（土）	教科書分析　第三回　Total English 1,2,3（秀文出版） レポーター：朝倉　久美子氏（神奈川県立城山高校）
第12回	10月22日（土）	報告「*First English II*（三省堂）'War' をめぐる話」 講師：中村　敬氏（成城大学）
第13回	12月17日（土）	教科書分析　第四回　*New Standard English I,II*（一橋出版） レポーター：宮本　健二氏（神奈川県立上溝高校）
第14回	**1989年** 2月18日（土）	教科書分析　第五回　*Unicorn I*（文英堂） レポーター：鈴木　秀美氏（横浜市立南高校）
第15回	5月6日（土）	「私の授業実践―日頃感じていること」 レポーター：田辺　幹氏（成城学園　中等部）
第16回	7月1日（土）	**A.P.R.Howatt 著 "A History of English Language Teaching" (Oxford University Press)** Part One: Practical language teaching 1800　1　The early years レポーター：伊藤　真子氏（神奈川県立上郷高校）

第 17 回	8 月 29 日（土）	2 'Refugiate in a strange country': the refugee language teachers in　Elizabethan London レポーター：丸茂　千秋氏（神奈川県立相模原工業技術高校）
第 18 回	11 月 4 日（土）	3 Towards 'The great and common world' レポーター：宮本　健二氏（神奈川県立上溝高校）
第 19 回	**1990 年** 2 月 17 日（土）	4 Guy Miege and the second Huguenot exile 5 The spread of English language teaching in Europe レポーター：吉岡　順子（町田市立鶴川第二中学校）
第 20 回	4 月 28 日（土）	Part Two: On 'fixing' the language 6 Introduction 7　Two proposals for orthographical reform in the sixteenth century レポーター：朝倉　久美子氏（神奈川県立城山高校）
第 21 回	6 月 16 日（土）	8　Early pedagogical grammars of English for foreign learners 9 'Things, words and notions' レポーター：宮本　健二氏（神奈川県立上溝高校）
第 22 回	8 月 30 日（土）	10 The language 'fixed'　前半 レポーター：丸茂　千秋氏（神奈川県立相模原工業技術高校）
第 23 回	11 月 17 日（土）	10 The language 'fixed'　後半 レポーター：吉岡　順子（町田市立鶴川第二中学校）
第 24 回	**1991 年** 1 月 26 日（土）	Part Three:　Language teaching in the nineteenth century Overview 11 The grammar-translation method レポーター：宮本　健二氏（神奈川県立上溝高校）
第 25 回	3 月 9 日（土）	12 Individual reformers レポーター：吉岡　順子（町田市立鶴川第二中学校）
第 26 回	4 月 27 日（土）	13 The Reform Movement　前半 レポーター：吉田　朝子氏（成城大学大学院生）
第 27 回	6 月 15 日（土）	13 The Reform Movement　後半 (The work of Henry Sweet ～) レポーター：朝香　花氏（成城大学大学院生）
第 28 回	7 月 26 日（金）	Part Four: The Making of a Profession Section 1　Overview of English Language Teaching since 1900 15　The teaching of English as a foreign or second language since 1900: a survey レポーター：直塚　京子氏（東村山市立東村山第三中学校）
第 29 回	9 月 28 日（土）	Section 2　Essays in the history of English language teaching since 1900　16 Harold E. Palmer レポーター：浅輪　明子氏（神奈川県立大和東高校）

第30回	11月16日（土）	17 Choosing the right words レポーター：小島　とも子氏（三省堂　学参編集室）
第31回	**1995年** 4月22日（土）	『思想』1994年11月号〈近代の文法〉 ①佐々木克『明治天皇の巡幸と「臣民」の形成』について レポーター：朝香　花氏（成城大学大学院生） ②吉見俊哉『運動会の思想—明治日本と祝祭文化—』について レポーター：向　道子氏（成城大学大学院生）
第32回	5月27日（土）	③牧原憲夫『万歳の誕生』について レポーター：佐々木　弘子氏（成城大学大学院生） ④T・フジタニ『近代日本における権力のテクノロジー』について レポーター：伊藤　夏雄氏（防衛庁）
第33回	6月24日（土）	⑤西川長夫『国民崇拝の祭儀と神学』について レポーター：朝倉　久美子氏（神奈川県立厚木西高校） ⑥藤井貞和『国文学の誕生』について レポーター：吉岡　順子（町田市立鶴川第二中学校）
第34回	7月31日（土）	ピーター・ヒューム著『征服の修辞学』第5章「ロビンソン・クルーソーとフライデー」について レポーター：朝香　花氏（成城大学大学院生）
第35回	9月16日（土）	石川九楊著『「二重言語国家」日本　日本文化への一試論』 （季刊アステイオン No.36　1995-春　TBSブリタニカ）について レポーター：小島　とも子氏（三省堂）
第36回	10月21日（土）	講演「戦後50年と英語教育」 講師：中村　敬氏（成城大学）
第37回	12月2日（土）	「フィリピンの言語問題」 レポーター：佐々木　弘子氏（成城大学大学院生）
第38回	**1996年** 1月13日（土）	「英語教育の問題点」 レポーター：浅輪　明子氏（神奈川県立大和東高校）
第39回	3月2日（土）	「英語の標準語化について」 レポーター：朝香　花氏（成城大学大学院生）
第40回	4月13日（土）	「アメリカにおける英語公用語化問題について」 レポーター：向　道子氏（成城大学大学院生）
第41回	5月25日（土）	「日本における英語化現象の研究」 レポーター：田嶋　美砂子氏（成城大学大学院生）
第42回	6月22日（土）	「高校英語教科書の編集を終えて」 レポーター：小島　とも子氏（三省堂）
第43回	7月27日（土）	「先住民族語の復権運動—マオリ語・ハワイ語を例として—」 講師：松原　好次氏（湘南国際女子短期大学）
第44回	10月5日（土）	「開かれた社会の英語教育」 レポーター：高島　敦子氏（青山学院女子短期大学）

第 45 回	11 月 9 日（土）	「教育の現実を考える」 レポーター：直塚　京子氏（小金井市立緑中学校）
第 46 回	12 月 14 日（土）	「09 版の中学英語教科書　雑感」 レポーター：吉岡　順子（町田市立鶴川第二中学校）
第 47 回	**1997 年** 1 月 25 日（土）	「クラスルーム・リサーチの理論と実践」 講師：窪田　三喜夫氏（調布学園女子短期大学）
第 48 回	2 月 22 日（土）	「アメリカにおける英語公用語化運動を支えるイデオロギーの研究」 レポーター：岩本　尚子氏（成城大学大学院生）
第 49 回	3 月 22 日（土）	「英語教育論争史の中のパーマー」 講師：伊村　元道氏（玉川大学）
第 50 回	5 月 24 日（土）	「日本における『英語化』現象に関する一考察」 レポーター：田嶋　美砂子氏（星美学園中学・高等学校）
第 51 回	6 月 28 日（土）	「教科書問題の周辺―教科書裁判を中心に―」 レポーター：須田　邦夫氏（三省堂）
第 52 回	8 月 20 日（日）	**Catherine Lim "The writer writing in English in multiethnic Singapore: A cultural peril, A cultural promise"** レポーター：小林　敏宏氏（一橋大学大学院生）
第 53 回	9 月 27 日（土）	「これだけは英語教育で教えたい」第 1 弾 発表者：中村　敬氏（成城大学）
第 54 回	10 月 25 日（土）	**Braj B. Kachru "The Spread of English and Sacred Linguistic Cows"** レポーター：小林　敏宏氏（一橋大学大学院生）
第 55 回	12 月 20 日（土）	「これだけは英語教育で教えたい」第 2 弾 発表者：高島　敦子氏（青山学院女子短期大学）
第 56 回	**1998 年** 1 月 24 日（土）	「『外国語科目』の一つとしての英語教育」―大学での実践 レポーター：朝香　花氏（成城大学・文化女子大学非常勤講師）
第 57 回	2 月 28 日（土）	「高校教科書の題材分析」 レポーター：田嶋　美砂子氏（星美学園中学・高等学校）
第 58 回	3 月 28 日（土）	「中学教科書の題材分析」 レポーター：佐々木　弘子氏（法政大学第二中学校）
第 59 回	5 月 9 日（土）	「題材分析―Total English（秀文出版）」 レポーター：吉岡順子氏（町田市立鶴川第二中学校）
第 60 回	6 月 13 日（土）	「題材分析―New Crown（三省堂）より」 レポーター：直塚　京子氏（小金井市立緑中学校）
第 61 回	7 月 11 日（土）	「題材分析―高等学校の教科書から―」 レポーター：浅輪　明子氏（神奈川県立中沢高校）
第 62 回	8 月 22 日（土）	「高校英語教科書に見られる『国際理解』観に関する一考察―1994 年度版　英語 I を中心に―」 レポーター：野間口　カリン氏（青山学院中等部）

第 63 回	10月3日（土）	「『英語帝国主義に加担する危険性』は回避できるか」 レポーター：高島　敦子氏（青山学院女子短期大学）
第 64 回	11月28日（土）	「アメリカの言語マイノリティの英語能力と英語化について」 レポーター：黒岩　裕氏（青山学院女子短期大学）
第 65 回	**1999 年** 1月23日（土）	「教科書批評の新しい視点―*New Crown* を素材にして―」 レポーター：中村　敬氏（成城大学）
第 66 回	2月27日（土）	「中学校英語教科書批評―*Sunshine* を素材にして―」 レポーター：田嶋　美砂子氏（星美学園中学・高等学校）
第 67 回	4月24日（土）	「英語教育目的論の諸相」 レポーター：小林　真彦氏（成城大学大学院生）
第 68 回	5月22日（土）	「先住民族言語の衰退と復権―英語の絶対的優位の中で―」 レポーター：松原　好次氏（湘南国際女子短期大学）
第 69 回	6月26日（土）	「日本における英語の『国際標準（グローバル・スタンダード）』獲得への歴史的形成過程の研究」 レポーター：小林　敏宏氏（成城大学大学院生）
第 70 回	9月25日（土）	イ・ヨンスク著『「国語」という思想を読み解く』についてレポーター：直塚　京子氏（小金井市立緑中学校）
第 71 回	11月27日（土）	E・サイード著『文化と帝国主義』（みすず書房）第1章について レポーター：佐々木　弘子氏（法政第二中学校）
第 72 回	**2000 年** 1月22日（土）	E・サイード著『文化と帝国主義』第2章1～4節について レポーター：吉岡　順子（町田市立鶴川第二中学校）
第 73 回	3月11日（土）	**拡大成英研** 宮崎芳三著『太平洋戦争と英文学者』（研究社）について 発表者：津田　正氏（研究社） コメンテーター：森住　衛氏（大阪大学）
第 74 回	4月22日（土）	E・サイード『文化と帝国主義』第2章5・6節について レポーター：田嶋美砂子氏（星美学園中学・高等学校）
第 75 回	6月10日（土）	田中克彦著『クレオール語と日本語』（岩波書店）について レポーター：朝香　花氏（成城大学非常勤講師）
第 76 回	7月22日（土）	「高校英語教科書の言語・文化観」 レポーター：小林　真彦氏（成城大学大学院生）
第 77 回	9月16日（土）	川島幸希著『英語教師夏目漱石』（新潮社）について レポーター：小林　敏宏氏（成城大学大学院生）
第 78 回	10月28日（土）	「『皮相上滑り』の国際化と英語公用語論」 レポーター：高島　敦子氏（青山学院女子短期大学）

第 79 回	11 月 18 日（土）	**拡大成英研** 「英語教科書の一世紀」 発表者：江利川　春雄氏（和歌山大学） コメンテーター：中村　敬氏（成城大学）
第 80 回	**2001 年** 2 月 24 日（土）	三浦信孝・糟谷啓介編『言語帝国主義とは何か』（藤原書店） イ・ヨンスク「『国語』と言語的公共性」について レポーター：小林　敏宏氏（成城大学大学院生）
第 81 回	4 月 14 日（土）	『言語帝国主義とは何か』第 1 章「言語帝国主義の類型」について レポーター：直塚　京子氏（小金井市立緑中学校）
第 82 回	5 月 26 日（土）	『言語帝国主義とは何か』第 2 章「少数言語の抵抗」について レポーター：松原　好次氏（湘南国際女子短期大学）
第 83 回	7 月 28 日（土）	伊藤比呂美著「スリー・りろ・ジャパニーズ」（月刊『新潮』 7 月号）について 座談会　司会：直塚　京子氏（小金井市立緑中学校）
第 84 回	9 月 22 日（土）	小森陽一著『ポストコロニアル』（岩波書店） レポーター：朝香　花氏（成城大学非常勤講師）
第 85 回	10 月 27 日（土）	**拡大成英研** 「英語教科書編集者としての半生」 講演者：峯村　勝氏（三省堂） コメンテーター：中村　敬氏（成城大学） 司会：直塚　京子氏（小金井市立緑中学校）
第 86 回	10 月 27 日（土）	井上忠雄著『日本語は生き残れるか』（PHP 新書） レポーター：小林　真彦氏（成城大学大学院生）
第 87 回	**2002 年** 1 月 12 日（土）	高島俊男著『漢字と日本人』（文春新書）について レポーター：田嶋　美砂子氏（星美学園中学・高等学校）
第 88 回	2 月 9 日（土）	斉藤兆史著『英語襲来と日本人』（講談社選書メチエ）について レポーター：小林　真彦氏（成城大学大学院生）
第 89 回	3 月 30 日（土）	斉藤孝著『身体感覚を取り戻す』（NHK ブックス）について レポーター：吉岡　順子（町田市立真光寺中学校）
第 90 回	5 月 25 日（土）	「21 世紀初頭のアメリカで考えたこと」 レポーター：高島　敦子氏（青山学院女子短期大学）
第 91 回	7 月 6 日（土）	**"By Any Other Name: Nakasone's Legacy and National Identity"** 講演者：Marc Sebastian-Jones 氏（拓殖大学）
第 92 回	9 月 28 日（土）	中村紀久二著『教科書の社会史』（岩波新書）について レポーター：直塚　京子氏（小金井市緑中学校）
第 93 回	11 月 9 日（土）	**拡大成英研** 「私にとっての中野好夫—英語教師像の原風景—」 講演者：中村　敬氏（成城大学） 司会：直塚　京子氏（小金井市立緑中学校）

第 94 回	2003 年 2 月 8 日（土）	ノーマ・フィールド著『「悲惨」な島国のパラドックス』について レポーター：東條　弘子氏
第 95 回	4 月 19 日（土）	中村敬先生からテーマ設定についてのお話があり、今年度のテーマについて話し合う。→「英語（教科書）と身体」に決定。
第 96 回	5 月 17 日（土）	—今年度のテーマ「英語（教科書）と身体」— テキスト：養老猛司著『身体の文学史』（新潮社 1997） 発表者：朝香　花氏（成城大学非常勤講師）
第 97 回	6 月 28 日（土）	テキスト：齋藤孝著『からだを揺さぶる英語入門』（角川書店 2003） 発表者：東條　弘子氏（津田塾大学大学院）
第 98 回	7 月 26 日（土）	テキスト：竹内敏晴著『からだ・演劇・教育』（岩波新書 1989） 発表者：吉岡　順子氏（町田市立真光寺中学校）
第 99 回	9 月 27 日（土）	テキスト：川田順造／武満徹著『音・ことば・人間』（岩波書店 1980） 発表者：田嶋　美砂子氏（星美学園中学高等学校）
第 100 回	10 月 25 日（土）	拡大成英研（講演会） 講演者：中村　敬氏（成城大学名誉教授） 題目：戦後世界が表象する日本人の英語世界—「アメリカン・スクール」など 3 つの作品を巡って
第 101 回	11 月 22 日（土）	テキスト：川田順造著『無文字社会の歴史』（岩波書店 1976） 発表者：朝香　花氏（成城大学文芸学部非常勤講師）
第 102 回	12 月 20 日（土）	テキスト：尼ヶ崎彬著『ことばと身体』（頸草書房 1990） 発表者：直塚　京子氏
第 103 回	2004 年 1 月 24 日（土）	—「身体から論じた英語教科書」（再読＋総括）—— ・『からだを揺さぶる英語入門』（齋藤孝著） 発表者：東條　弘子氏（津田塾大学大学院） ・『からだ・演劇・教育』（竹内敏晴著）を通して見た英語諸問題 発表者：吉岡　順子（町田市立真光寺中学校）
第 104 回	2 月 28 日（土）	『音・ことば・人間』（武満徹／川田順造著）と高等学校英語教科書 発表者：田嶋　美砂子氏（星美学園中学高等学校）
第 105 回	3 月 27 日（土）	・『身体の文学史』（養老猛司著）、『無文字社会の歴史』（川田　順造著）　発表者：朝香　花氏（成城大学文芸学部非常勤講師） ・『ことばと身体』と「英語教科書」 発表者：直塚　京子氏

第106回	11月6日（土）	**公開研究会（拡大成英研）** ①報告「小学校英語教育特区の現状」 　レポーター：萩原　豊氏（戸田市立笹目中学校） ②講演「自著を語る－『幻の英語教材』と『なぜ、「英語」が問題なのか？』をめぐって」 　講師：中村　敬氏（成城大学名誉教授）
第107回	2005年 11月19日（土）	**公開研究会** ①報告「私立男子校、英語教育の取り組み」 　レポーター：吉田　朝子氏（聖学院中学校高等学校） ②講演「考える力はどうすれば育つか：いま教師ができること、すべきこと」 ("How to develop logical mind: what we can and should do now") 　講師：高島　敦子氏（比較文化及び対照言語学研究者）
第108回	2006年 11月18日（土）	①実践報告「公立中学校の実態と課題―英語の授業を通して―」 　吉岡　順子（町田市立真光寺中学校） ②講演「『市民』を創る英語教育を―「地方」からの発信―」 　講師：中村　敬氏（成城大学名誉教授）
第109回	2007年 11月10日（土）	①研修報告「シドニーで学んだこと」 　田嶋　美砂子氏（星美学園中学高等学校） ②講演「『いま』『ここ』の英語教育」 　講師：中村　敬氏（成城大学名誉教授）
第110回	2008年 11月8日（土）	講演「英語教育に新時代は来るか？～私の英語教育論～」 講師：津田　幸男氏（筑波大学教授）
第111回	2009年 11月7日（土）	講演「私説　英語教育論―今　英語教育のなにが問題か―」 講師：大津　由紀雄氏（慶応義塾大学）
第112回	2010年 11月27日（土）	対談「英語教育の根本問題を考えさせるこの教科書」 対談者：峯村　勝氏［聞き手］（元英語教科書編集長［三省堂]） 　　　　中村　敬氏（成城大学名誉教授）
第113回	2011年 11月26日（土）	講演：「福島核人災とことば、そして英語」 講師：中村　敬氏（成城大学名誉教授）
第114回	2012年 12月8日（土）	①実践報告「私はなぜ養護学校で教えることにしたか」 　朝倉　久美子氏（神奈川県伊勢原養護学校） ②講演：「学び続ける英語教師とともに」 　講師：長﨑　政浩氏（高知工科大学教授）
第115回	2013年 11月16日（土）	①講演：「私の英文法研究～英語教師と英文法～」 　講師：吉田　正治氏（成城大学名誉教授） ②講演：「英語は私にとってどんな言語だったか」 　講師：中村　敬氏（成城大学名誉教授）

第116回	2014年 11月15日（土）	①実践報告「中学校英語科における教室談話研究：文法指導とコミュニケーション活動の検討」 　東條　弘子氏（東京大学大学院生） 　吉岡　順子（町田市立町田第一中学校） ②講演　「『英語教育神話の解体』のその後」 　講師：中村　敬氏（成城大学名誉教授）
第117回	2015年 12月5日（土）	①実践報告：「英語社会論との歩み」 　佐々木　弘子氏（法政大学第二中・高等学校） ②講演：「テクスト批評の見本としての"70年談話" 　　　　　―英語（教育）問題再考―」 　講師：中村　敬氏（成城大学名誉教授）
第118回	2017年 3月25日（土）	①実践報告：「初任者研修と『「英語教育神話」の解体』」 　萩原　豊氏（埼玉県戸田市立戸田中学校） ②講演：「改めて英語教育の逆説（パラドックス）を問う」 　講師：中村　敬氏（成城大学名誉教授） ③問題提起「改訂学習指導要領と英語教育」 　峯村　勝氏（元三省堂英語教科書編集長）
第119回	2018年 11月24日（土）	①講演「知識人の戦争協力：英文学者・中野好夫の事例を中心に」 　講師：斎藤　浩一氏（東京海洋大学大学院海洋科学技術研究科准教授） ②解説と批評 　講師：中村　敬氏（成城大学名誉教授）
第120回 （最終回）	2020年 3月28日（土）	①講演「細江の市河批判から読み解く現代の英語教育問題」 　講師：中村　敬氏 ②「冊子『英語教育のために―中村敬を継ぐ』について」 　レポーター:峯村　勝氏（元三省堂英語教科書編集長） ③参加者の皆様から一言

（第120回は新型コロナウィルスの拡大のため中止・無期延期になった）

あとがき

　英語教育は迷走している。たとえば、2019 年の初めに英語教育史上初めて行われた公立中学 3 年生対象の学力テストに、文科省は英語の話す力のテストを課した。方式はペーパーテストである。「話す力」を紙媒体でというのはそれ自体すでに迷走である。

　受験生の数を考えると、ペーパーによる以外の方法は、考えられない。しかし、それでも話し方の力をテストしたいというのだ。その大本（おおもと）はそのようなテストを課した文科省のお役人たちである。

　その彼らの背後には、「英語は話せなくちゃー」という世の中の風潮がある。口頭の英語（英会話）力への強迫観念は、官民一体である。この日本人特有の歪んだ口頭英語観の発生については苅谷剛彦氏の言説を引用して、その問題点について触れておいた（本書 50 ページ）。

　日本人の口頭英語への強迫観念のよってくる言語イデオロギーは、日本における英語は、国家語が英語の英・米国の旧植民地と同じように第 2 言語（つまり、生活語）であるべきとするものである。もう何年も前のことだが、某大学の英語教師が、シンガポールの英語の通用度の高さに接して、「羨ましい」といった。これだから迷走をただすのは容易ではない。

　日本における英語は、その歴史的必然性と地政学上の理由から、あくまで「外国語」である。それは生活習慣によって身につく生活語ではない。知力による理解の対象としての言語である。

　著者の峯村勝は、「英語学習指導ガイドライン私案」の「III 学習の方法」の項で、「文字言語を基本とする」（本書 93 ページ）と述

べている。英会話を中心とする学校の英語教育は、深く考える力の育成と無縁なのである。

本書は、こうした迷走に歯止めをかけるために、迷走の原因を歴史的に突き止める作業から始め、具体的な対応策を提示したものである。決して平易な読み物ではない。しかし、それを乗り越えてこそ未来が拓かれる、と確信する。

本書の共同著作者の峯村勝は、ぼくが中学校の英語教科書『ニュークラウン』（初版 1978 年）の代表著作者の一人となった時の編集者である。爾来およそ 40 年にわたり、筆者が教科書との縁が切れてからも、交流は続いた。一言付け加えれば、彼のおかげで筆者は英語教科書の世界に入り、それまで蓄積してきた思想や知識を実践する機会を得たことを感謝しないではいられない。本書は、二人の 40 年にわたる時として交わした激しい議論の産物なのである。

本書は、峯村勝が私家版として冊子の形で出版した『英語教育のために──中村敬を継ぐ』がもとになっている。その冊子が出版された時に、今のままでは読者が限られる。多くの読者に読んで欲しいと思った。幸い今回「かもがわ出版」から新たな装いで出版されることになった。英語のプロはもとより英語教育に関心のあるすべての方々に読んでいただければ幸いである。

最後に、「かもがわ出版」につないでくれたのは冊子を制作した有限会社エーゼロの山本一夫社長である。山本氏は本書の制作のすべての面で骨を折っていただいた。ここに、著者を代表して、深く感謝申しあげる。

2020 年 10 月

　　　　　　　　　　　　　　　　　中村　　敬

［著者］

中村 敬（なかむら・けい）
略歴　本文 90 ページに記載
著書　本文 88 〜 89 ページに記載

峯村 勝（みねむら・まさる）
1937 年　朝鮮生まれ。
1962 年　東京教育大学文学部英米文学・英語学科卒業。
同年 4 月　三省堂入社。
最初の 2 年は英和辞典の編集、後の約 37 年は英語教科書の編集
を担当。その間に、中学校英語教科書編集長、英語教科書編集長、
教科書出版部次長、中学校英語教科書編集委員会常任幹事。2001
年 11 月定年退職。
著書に、『英語教育の基本問題』（言語教育研究所　2002 年）、『幻
の英語教材』（共著、三元社　2004 年）、『「英語教育神話」の解体』
（共著、三元社　2014 年）。

迷走する英語教育をただす——中村敬の理論・思想・実践をもとに

中村 敬・峯村 勝　共著
2020 年 11 月 9 日第 1 刷発行

発行者　竹村正治
発行所　かもがわ出版
京都市上京区堀川出水西入　〒 602-8119
電話 075-432-2868　FAX 075-432-2869
振替　01010-5-12436
ホームページ　http://www.kamogawa.co.jp
デザイン・制作　有限会社エーゼロ
印刷・製本　シナノ書籍印刷株式会社